地势坤，君子以厚德载物。

史
（二）表
记

[西汉]司马迁 著
俞樟华 译

北京联合出版公司
Beijing United Publishing Co.,Ltd.

目录

史记卷十三
表第一

三代世表

太史公说：五帝、三代事迹的记载，已经久远了。自殷代以前诸侯国的世系不可能被排列出来，周朝以来的事迹才稍微可以著录。孔子通过史籍文献编次《春秋》，记录年数，修正四时日月，大概做得很详尽了。至于依次序编的《尚书》则基本没有年月记载；有些稍微有记载，但大多地方没有，不可著录。所以有疑问的则保留疑问，这是对历史的慎重啊。

太史公曰：五帝、三代之记，尚矣。自殷以前诸侯不可得而谱，周以来乃颇可著。孔子因史文次《春秋》，纪元年，正时日月，盖其详哉。至于序《尚书》则略，无年月；或颇有，然多阙，不可录。故疑则传疑，盖其慎也。

我阅读谱牒所记内容，自黄帝以来都有年数记载。考察帝王的更替与五德终始之说，古代文献记载都不一样，互相乖谬有差异。孔子没有论定和编次年月，难道是没有原因的吗！于是我根据《五帝系谍》《尚书》汇集自黄帝以来至共和时代的世系，撰成《世表》。

余读谍记，黄帝以来皆有年数。稽其历谱谍终始五德之传，古文咸不同，乖异。夫子之弗论次其年月，岂虚哉！于是以《五帝系谍》《尚书》集世纪黄帝以来讫共和为《世表》。

帝王世国号	黄帝号有熊。	帝颛顼，黄帝孙。起黄帝，至颛顼三世，号高阳。	帝俈，黄帝曾孙。起黄帝，至帝俈四世。号高辛。
颛顼属	黄帝生昌意。	昌意生颛顼。为高阳氏。	
俈属	黄帝生玄嚣。	玄嚣生蟜极。	蟜极生高辛，为帝俈。
尧属	黄帝生玄嚣。	玄嚣生蟜极。	蟜极生高辛。高辛生放勋。
舜属	黄帝生昌意。	昌意生颛顼。颛顼生穷蝉。	穷蝉生敬康。敬康生句望。
夏属	黄帝生昌意。	昌意生颛顼。	
殷属	黄帝生玄嚣。	玄嚣生蟜极。蟜极生高辛。	高辛生卨。
周属	黄帝生玄嚣。	玄嚣生蟜极。蟜极生高辛。	高辛生后稷，为周祖。

帝尧。起黄帝，至俈子五世。号唐。	帝舜，黄帝玄孙之玄孙，号虞。	帝禹，黄帝耳孙，号夏。	帝启。伐有扈，作《甘誓》。
放勋为尧。			
句望生蟜牛。蟜牛生瞽叟。	瞽叟生重华，是为帝舜。		
	颛顼生鲧。鲧生文命。	文命，是为禹。	
卨为殷祖。	卨生昭明。	昭明生相土。	相土生昌若。
后稷生不窋。	不窋生鞠。	鞠生公刘。	公刘生庆节。

帝王世国号	帝太康	帝仲康，太康弟。	帝相
颛顼属			
俈属			
尧属			
舜属			
夏属			
殷属	昌若生曹圉。曹圉生冥。	冥生振。	振生微。微生报丁。
周属	庆节生皇仆。皇仆生差弗。	差弗生毁渝。毁渝生公非。	公非生高圉。高圉生亚圉。

帝少康	帝予	帝槐	帝芒
报丁生报乙。报乙生报丙。	报丙生主壬。主壬生主癸。	主癸生天乙，是为殷汤。	
亚圉生公祖类。	公祖类生太王亶父。	亶父生季历。季历生文王昌。益《易卦》。	文王昌生武王发。

帝王世国号	帝泄	帝不降	帝扃，不降弟。	帝廑	帝孔甲，不降子。好鬼神，淫乱，不好德，二龙去。
颛顼属					
俈属					
尧属					
舜属					
夏属					
殷属					
周属					

帝皋	帝发	帝履癸，是为桀。从禹至桀十七世。从黄帝至桀二十世。	殷汤代夏氏。从黄帝至汤十七世。	帝外丙。汤太子太丁蚤卒，故立次弟外丙。

帝王世国号	帝仲壬，外丙弟。	帝太甲，故太子太丁子。淫，伊尹放之桐宫。三年，悔过自责，伊尹乃迎之复位。	帝沃丁。伊尹卒。	帝太庚，沃丁弟。
颛顼属				
俈属				
尧属				
舜属				
夏属				
殷属				
周属				

帝小甲，太庚弟。殷道衰，诸侯或不至。	帝雍己，小甲弟。	帝太戊，雍己弟。以桑榖生，称中宗。	帝中丁	帝外壬，中丁弟。

帝王世国号	帝河亶甲，外壬弟。	帝祖乙	帝祖辛	帝沃甲，祖辛弟。	帝祖丁，祖辛子。
颛顼属					
俈属					
尧属					
舜属					
夏属					
殷属					
周属					

帝南庚，沃甲子。	帝阳甲，祖丁子。	帝盘庚，阳甲弟。徙河南。	帝小辛，盘庚弟。	帝小乙，小辛弟。	帝武丁。雉升鼎耳雊。得傅说。称高宗。

帝王世国号	帝祖庚	帝甲，祖庚弟。淫。	帝廪辛	帝庚丁，廪辛弟。殷徙河北。
颛顼属				
俈属				
尧属				
舜属				
夏属				
殷属				
周属				

帝武乙。慢神震死。	帝太丁	帝乙。殷益衰。	帝辛，是为纣。弑。从汤至纣二十九世。从黄帝至纣四十六世。	周武王代殷。从黄帝至武王十九世。

周	成王诵	康王钊。刑错四十余年。	昭王瑕。南巡不返。不赴，讳之。	穆王满。作《甫刑》。荒服不至。	恭王伊扈
鲁	鲁周公旦初封，武王弟。	鲁公伯禽	考公	炀公，考公弟。	幽公
齐	齐太公尚初封，文王、武王师。	丁公吕伋	乙公	癸公	哀公
晋	晋唐叔虞初封，武王子。	晋侯燮	武侯	成侯	厉侯
秦	秦恶来，助纣。父飞廉，有力。	女防	旁皋	大几	大骆
楚	楚熊绎初封。绎父鬻熊，事文王。	熊乂	熊黮	熊胜	熊炀
宋	宋微子启初封，纣庶兄。	微仲，启弟。	宋公	丁公	湣公，丁公弟。
卫	卫康叔初封，武王弟。	康伯	孝伯	嗣伯	疌伯
陈	陈胡公满初封，舜之后。	申公	相公	孝公	慎公
蔡	蔡叔度初封，武王弟。	蔡仲	蔡伯	宫侯	厉侯
曹	曹叔振铎初封，武王弟。		太伯	仲君	宫伯
燕	燕召公奭初封，周同姓。	九世至惠侯。			

懿王坚。周道衰，诗人作刺。	孝王方，懿王弟。	夷王燮，懿王子。	厉王胡。以恶闻过乱，出奔，遂死于彘。	共和，二伯行政。
魏公	厉公	献公，厉公弟。	真公	武公，真公弟。
胡公	献公弑胡公。	武公		
靖侯				
非子	秦侯	公伯	秦仲	
熊渠	熊无康	熊鸷红	熊延，红弟。	熊勇
炀公，湣公弟。	厉公	釐公		
湣伯	贞伯	顷侯	釐侯	
幽公	釐公			
武侯				
孝伯	夷伯			

张夫子问褚先生曰："《诗》言契、后稷皆无父而生。今案诸传记咸言有父，父皆黄帝子也，得无与《诗》谬乎？"

褚先生曰："不然。《诗》言契生于卵，后稷人迹者，欲见其有天命精诚之意耳。鬼神不能自成，须人而生，奈何无父而生乎！一言有父，一言无父，信以传信，疑以传疑，故两言之。尧知契、稷皆贤人，天之所生，故封之契七十里，后十余世至汤，王天下。尧知后稷子孙之后王也，故益封之百里，其后世且千岁，至文王而有天下。《诗传》曰：'汤之先为契，无父而生。契母与姊妹浴于玄丘水，有燕衔卵堕之，契母得，故含之，误吞之，即生契。契生而贤，尧立为司徒，姓之曰子氏。子者兹；兹，益大也。诗人美而颂之曰："殷社芒芒，天命玄鸟，降而生商。"商者质，殷号也。文王之先为后稷，后稷亦无父而生。后稷母为姜嫄，出，见大人迹而履践之，知于身，则生

张夫子问褚先生说："《诗经》上说契和后稷都无父而生。如今考察各种传记全都说他们有父亲，父亲都是黄帝之子，这难道不是与《诗经》相矛盾吗？"

褚先生说："不是这样的。《诗经》上说契出生于卵中，后稷因他母亲踩到巨人足迹而生，是想体现他们有天命精诚之意。鬼神不能自动形成，须借助人而产生，怎么能说他们没有父亲就诞生了呢！有人说有父，有人说无父，相信的人就流传他所相信的，怀疑的人就流传他所怀疑的，所以就有了两种说法。尧知道契、后稷都是贤人，是上天所生，所以封给契七十里的土地，后来经历十几世传到汤，称王天下。尧知道后稷的子孙以后也会称王，所以将他的封地增加到了百里，他的后世经历近千年，到文王时就得到了天下。《诗传》上说：'汤的祖先是契，无父而生。契的母亲和他的姊妹在玄丘水中洗浴，有只燕雀所衔的卵掉了下来，契的母亲得到了这枚卵，于是含着它，误吞了它，便生下了契。契生来就有贤德，尧立他为司徒，赐给契姓叫氏子。子就是兹；兹，就是增大的意思。诗人赞美并称颂他说："殷国土地广大辽阔，上天命令玄鸟降临产生了商。"商是质朴的意思，是殷的称号。文王的祖先是后稷，后稷也无父而生。后稷的母

亲是姜嫄，她外出时看见巨人的足迹而用脚踏上去，就感觉怀孕了，于是生下后稷。姜嫄认为他无父而生，就嫌弃他而把他丢弃在道路中间，牛羊避开不去践踏他。把他抱到山中，山里人喂养了他。又把他扔到大湖，有鸟飞来为他铺垫覆盖，喂养他。姜嫄对此感到奇怪，于是知道他是天之子，就把他取回来抚养成人。尧知道他是贤才，立他为大农，赐给他姓叫姬氏。姬，就是本的意思。时人赞美并称颂他说“最初生下的先民”，加深修为有所成就，称道了后稷的初始。’孔子说：‘昔日尧赐契为子氏，是为了汤。赐后稷为姬氏，是为了文王。大王任命季历，是为了昭明上天所降祥瑞。太伯前去吴地，是为天下生生之本源。’天命难以言说，不是圣人不能预见。舜、禹、契、后稷都是黄帝的子孙。黄帝顺应天命而治理天下，他的德泽深远流传于后世，所以他的子孙都能被再次立为天子，这是上天在报答有德之人。世人不知其理，以为他们普遍是从布衣匹夫出身的。那布衣匹夫怎么能无故而起称王天下呢？这是他们秉承天命的缘故。”

“黄帝的后世子孙为何称王天下能如此久远呢？”

褚先生说：“典籍中说天下的君王是为万民请求延续人民生命的人，他们称帝，福荫万世。黄帝就是这样的人。五政修明，

后稷。姜嫄以为无父，贱而弃之道中，牛羊避不践也。抱之山中，山者养之。又捐之大泽，鸟覆席食之。姜嫄怪之，于是知其天子，乃取长之。尧知其贤才，立以为大农，姓之曰姬氏。姬者，本也。诗人美而颂之曰“厥初生民”，深修益成，而道后稷之始也。’孔子曰：‘昔者尧命契为子氏，为有汤也。命后稷为姬氏，为有文王也。大王命季历，明天瑞也。太伯之吴，遂生源也。’天命难言，非圣人莫能见。舜、禹、契、后稷皆黄帝子孙也。黄帝策天命而治天下，德泽深后世，故其子孙皆复立为天子，是天之报有德也。人不知，以为泛从布衣匹夫起耳。夫布衣匹夫安能无故而起王天下乎？其有天命然。”

“黄帝后世何王天下之久远邪？”

曰：“传云天下之君王为万夫之黔首请赎民之命者帝，有福万世。黄帝是也。五政明

则修礼义，因天时举兵征伐而利者王，有福千世。蜀王，黄帝后世也，至今在汉西南五千里，常来朝降，输献于汉，非以其先之有德，泽流后世邪？行道德岂可以忽乎哉！人君王者举而观之。汉大将军霍子孟名光者，亦黄帝后世也。此可为博闻远见者言，固难为浅闻者说也。何以言之？古诸侯以国为姓。霍者，国名也。武王封弟叔处于霍后，世晋献公灭霍，公后世为庶民，往来居平阳。平阳在河东，河东晋地，分为魏国。以《诗》言之，亦可为周世。周起后稷，后稷无父而生。以三代世传言之，后稷有父名高辛；高辛，黄帝曾孙。《黄帝终始传》曰：‘汉兴百有余年，有人不短不长，出白燕之乡，持天下之政，时有婴儿主，却行车。’霍将军者，本居平阳白燕。臣为郎时，与方士考功会旗亭下，为臣言。岂不伟哉！”

兴修礼义，根据天时举兵征伐而胜利者为王，福荫千世。蜀王，是黄帝的后裔，至今还在汉朝西南五千里的地方，常来朝贺归降，输纳贡物给汉，难道不是因为他的祖先有德行，恩泽流布后世吗？行道布德岂能被忽视呢？为人君主称王天下要立下原则省察自身。汉朝大将军霍子孟，名叫光的，也是黄帝的后裔。这些事能和见闻广博有远见的人说，原本就很难和见识浅陋的人说。为什么这样说呢？古代诸侯以国名为姓氏。霍，就是国名。武王封弟弟叔处于霍国，后世晋献公灭了霍公，他的后裔就成为庶民了，往来居住于平阳。平阳在河东，河东属晋国领地，后来被分割给魏国。按《诗经》所说，也可说是周的后裔。周起于后稷，后稷无父而生。按三代世系的传说来讲，后稷有父亲叫高辛；高辛，是黄帝的曾孙。《黄帝终始传》说：‘大汉兴起有一百多年了，有个不高不矮的人，出自白燕之乡，把持天下之政，此时有个幼小的人主，此人可使帝车退却不前。’霍将军，原本居住在平阳白燕乡。我做郎官时，与方士考功在旗亭下相会，对我说起这些事。难道他不很伟大吗！”

史记卷十四
表第二

十二诸侯年表

太史公读《春秋历谱谍》，读到周厉王时，没有不放下书而感叹的时候，并说：唉！师挚早已看到周王室的衰败了！纣王用象牙做筷子而箕子哀叹。周王朝政道缺失，诗人以采集的男女情爱之事为本，《关雎》由此而作。仁义日趋衰落，诗人作《鹿鸣》讥刺。等到了周厉王时，因他讨厌听到别人说自己的过失，公卿大臣害怕被杀就作祸生乱，厉王于是逃到彘地，祸乱从京师开始，这就有了共和行政。在这之后有的诸侯以武力征伐，以强凌弱，起兵也不请示天子。然而还有国家借周王室的正义之名，来讨伐别国，争做会盟的盟主，政令由五伯发出，诸侯恣意行事，骄奢淫逸，行为不轨，篡权的乱臣贼子越来越多了。齐、晋、秦、楚这些国家在周初是非常弱小的，有的国家封地百里，有的五十里。晋国倚仗三河之险，齐国背靠东海，楚国介于长江、淮河之间，秦国凭借雍州的险固，这几个国家在四方兴起，轮流成为霸主，文王、武王所分封的大诸侯，

太史公读《春秋历谱谍》，至周厉王，未尝不废书而叹也。曰：呜呼，师挚见之矣！纣为象箸而箕子唏。周道缺，诗人本之衽席，《关雎》作。仁义陵迟，《鹿鸣》刺焉。及至厉王，以恶闻其过，公卿惧诛而祸作，厉王遂奔于彘，乱自京师始，而共和行政焉。是后或力政，强乘弱，兴师不请天子。然挟王室之义，以讨伐为会盟主，政由五伯，诸侯恣行，淫侈不轨，贼臣篡子滋起矣。齐、晋、秦、楚，其在成周微甚，封或百里，或五十里。晋阻三河，齐负东海，楚介江淮，秦因雍州之固，四海迭兴，更为伯主，文武所褒大封，皆威而服焉。

都慑于他们的威势而服从他们了。

是以孔子明王道，干七十余君，莫能用，故西观周室，论史记旧闻，兴于鲁而次《春秋》，上记隐，下至哀之获麟，约其辞文，去其烦重，以制义法，王道备，人事浃。七十子之徒口受其传指，为有所刺讥褒讳挹损之文辞不可以书见也。鲁君子左丘明惧弟子人人异端，各安其意，失其真，故因孔子史记具论其语，成《左氏春秋》。铎椒为楚威王傅，为王不能尽观《春秋》，采取成败，卒四十章，为《铎氏微》。赵孝成王时，其相虞卿上采《春秋》，下观近势，亦著八篇，为《虞氏春秋》。吕不韦者，秦庄襄王相，亦上观尚古，删拾《春秋》，集六国时事，以为八览、六论、十二纪，为《吕氏春秋》。及如荀卿、孟子、公孙固、韩非之徒，各往往捃摭《春秋》之文以著书，不可胜纪。汉相张苍历谱五德，上大夫董仲舒推《春秋》义，颇著文焉。

因此孔子彰显王道，见了七十多位国君，却没有一位国君采用他的主张，于是他西行考察周王室，整理史书记载和旧时传闻，从鲁国开始，编撰《春秋》，上至鲁隐公，下至鲁哀公获麟，简约书中的文辞，去掉书中繁冗重复的内容，来制定义理和法则，使王道完备，人事通达。他的七十多位学生凭借口传接受了他的思想，因为其中讥讽、谴责、抑扬、褒奖、忌讳的文辞不便写在书中。鲁国君子左丘明害怕众弟子秉持的学说不同，各执己见，失去真意，所以依照孔子编的史记《春秋》具体论述他的言论，编撰成《左氏春秋》。铎椒做楚威王的太傅，由于楚王不能完整读一遍《春秋》，便择取书中关于国家兴衰成败的内容，最终编成四十章，名为《铎氏微》。赵孝成王时，赵相国虞卿上采《春秋》，下观各国近来形势，也著成八篇文字，名为《虞氏春秋》。吕不韦，是秦庄襄王的相国，也上观前代古史，删减采拾《春秋》文字，汇集六国时事，编成八览、六论、十二纪，写成《吕氏春秋》。还有像荀卿、孟子、公孙固、韩非这类人，都往往摘抄《春秋》的内容来著书立说，不能逐一记述。汉朝丞相张苍以历谱的形式推演五德，上大夫董仲舒推论《春秋》要义，写过很多与之有关的文章。

太史公说：儒者断取《春秋》要义，游说者发挥它的文辞，而不注重综览内容的本末；历法家摘取它的年月，术数方士重视它记载的气运兴衰，谱牒者只记录它的世系谥号，他们的文辞简略，想一次观览许多重要的方面是很困难的。于是我排列了十二个诸侯国，时间从共和到孔子，用表的形式，将研究《春秋》和《国语》的学者所讨论的盛衰要旨著述于本篇，为钻研学问、修习古文的人删繁留要。

太史公曰：儒者断其义，驰说者骋其辞，不务综其终始；历人取其年月，数家隆于神运，谱谍独记世谥，其辞略，欲一观诸要难。于是谱十二诸侯，自共和讫孔子，表见《春秋》《国语》学者所讥盛衰大指著于篇，为成学治古文者要删焉。

	前841	前840	前839	前838
	庚申			
周	共和元年 厉王子居召公宫，是为宣王。王少，大臣共和行政。	二	三	四
鲁	真公濞十五年，一云十四年。	十六	十七	十八
齐	武公寿十年	十一	十二	十三
晋	靖侯宜臼十八年	晋釐侯司徒元年	二	三
秦	秦仲四年	五	六	七
楚	熊勇七年	八	九	十
宋	釐公十八年	十九	二十	二十一
卫	釐侯十四年	十五	十六	十七
陈	幽公宁十四年	十五	十六	十七
蔡	武侯二十三年	二十四	二十五	二十六
曹	夷伯二十四年	二十五	二十六	二十七
郑				
燕	惠侯二十四年	二十五	二十六	二十七
吴				

前837	前836	前835	前834	前833	前832
甲子					
五	六	七	八	九	十
十九	二十	二十一	二十二	二十三	二十四
十四	十五	十六	十七	十八	十九
四	五	六	七	八	九
八	九	十	十一	十二	十三
楚熊严元年	二	三	四	五	六
二十二	二十三	二十四	二十五	二十六	二十七
十八	十九	二十	二十一	二十二	二十三
十八	十九	二十	二十一	二十二	二十三
蔡夷侯元年	二	三	四	五	六
二十八	二十九	三十	曹幽伯彊元年	二	三
二十八	二十九	三十	三十一	三十二	三十三

	前831	前830	前829	前828	前827
					甲戌
周	十一	十二	十三	十四　宣王即位，共和罢。	宣王元年
鲁	二十五	二十六	二十七	二十八	二十九
齐	二十	二十一	二十二	二十三	二十四
晋	十	十一	十二	十三	十四
秦	十四	十五	十六	十七	十八
楚	七	八	九	十	楚熊霜元年
宋	二十八	宋惠公眮元年	二	三	四
卫	二十四	二十五	二十六	二十七	二十八
陈	陈釐公孝元年	二	三	四	五
蔡	七	八	九	十	十一
曹	四	五	六	七	八
郑					
燕	三十四	三十五	三十六	三十七	三十八
吴					

前826	前825	前824	前823	前822	前821
二	三	四	五	六	七
三十	鲁武公敖元年	二	三	四	五
二十五	二十六	齐厉公无忌元年	二	三	四
十五	十六	十七	十八	晋献侯籍元年	二
十九	二十	二十一	二十二	二十三	秦庄公其元年
二	三	四	五	六	楚熊徇元年
五	六	七	八	九	十
二十九	三十	三十一	三十二	三十三	三十四
六	七	八	九	十	十一
十二	十三	十四	十五	十六	十七
九	曹戴伯鲜元年	二	三	四	五
燕釐侯庄元年	二	三	四	五	六

	前820	前819	前818	前817	前816
				甲申	
周	八	九	十	十一	十二
鲁	六	七	八	九	十
齐	五	六	七	八	九
晋	三	四	五	六	七
秦	二	三	四	五	六
楚	二	三	四	五	六
宋	十一	十二	十三	十四	十五
卫	三十五	三十六	三十七	三十八	三十九
陈	十二	十三	十四	十五	十六
蔡	十八	十九	二十	二十一	二十二
曹	六	七	八	九	十
郑					
燕	七	八	九	十	十一
吴					

前815	前814	前813	前812	前811	前810
十三	十四	十五	十六	十七	十八
鲁懿公戏元年	二	三	四	五	六
齐文公赤元年	二	三	四	五	六
八	九	十	十一	穆侯弗生元年	二
七	八	九	十	十一	十二
七	八	九	十	十一	十二
十六	十七	十八	十九	二十	二十一
四十	四十一	四十二	卫武公和元年	二	三
十七	十八	十九	二十	二十一	二十二
二十三	二十四	二十五	二十六	二十七	二十八
十一	十二	十三	十四	十五	十六
十二	十三	十四	十五	十六	十七

	前809	前808	前807	前806
			甲午	
周	十九	二十	二十一	二十二
鲁	七	八	九	鲁孝公称元年　伯御立为君，称为诸公子云。伯御，武公孙。
齐	七	八	九	十
晋	三	四　取齐女为夫人。	五	六
秦	十三	十四	十五	十六
楚	十三	十四	十五	十六
宋	二十二	二十三	二十四	二十五
卫	四	五	六	七
陈	二十三	二十四	二十五	二十六
蔡	蔡釐侯所事元年	二	三	四
曹	十七	十八	十九	二十
郑				郑桓公友元年　始封。周宣王母弟。
燕	十八	十九	二十	二十一
吴				

前805	前804	前803	前802	前801
二十三	二十四	二十五	二十六	二十七
二	三	四	五	六
十一	十二	齐成公说元年	二	三
七　以伐条生太子仇。	八	九	十　以千亩战。生仇弟成师。二子名反，君子讥之。后乱。	十一
十七	十八	十九	二十	二十一
十七	十八	十九	二十	二十一
二十六	二十七	二十八	二十九	三十
八	九	十	十一	十二
二十七	二十八	二十九	三十	三十一
五	六	七	八	九
二十一	二十二	二十三	二十四	二十五
二	三	四	五	六
二十二	二十三	二十四	二十五	二十六

	前800	前799	前798	前797
				甲辰
周	二十八	二十九	三十	三十一
鲁	七	八	九	十
齐	四	五	六	七
晋	十二	十三	十四	十五
秦	二十二	二十三	二十四	二十五
楚	二十二	楚熊鄂元年	二	三
宋	三十一　宋惠公薨。	宋戴公立。元年	二	三
卫	十三	十四	十五	十六
陈	三十二	三十三	三十四	三十五
蔡	十	十一	十二	十三
曹	二十六	二十七	二十八	二十九
郑	七	八	九	十
燕	二十七	二十八	二十九	三十
吴				

前796	前795	前794	前793	前792
三十二	三十三	三十四	三十五	三十六
十一　周宣王诛伯御，立其弟称，是为孝公。	十二	十三	十四	十五
八	九	齐庄公赎元年	二	三
十六	十七	十八	十九	二十
二十六	二十七	二十八	二十九	三十
四	五	六	七	八
四	五	六	七	八
十七	十八	十九	二十	二十一
三十六	陈武公灵元年	二	三	四
十四	十五	十六	十七	十八
三十	曹惠公伯雉元年	二	三	四
十一	十二	十三	十四	十五
三十一	三十二	三十三	三十四	三十五

	前791	前790	前789	前788	前787
					甲寅
周	三十七	三十八	三十九	四十	四十一
鲁	十六	十七	十八	十九	二十
齐	四	五	六	七	八
晋	二十一	二十二	二十三	二十四	二十五
秦	三十一	三十二	三十三	三十四	三十五
楚	九	楚若敖元年	二	三	四
宋	九	十	十一	十二	十三
卫	二十二	二十三	二十四	二十五	二十六
陈	五	六	七	八	九
蔡	十九	二十	二十一	二十二	二十三
曹	五	六	七	八	九
郑	十六	十七	十八	十九	二十
燕	三十六	燕顷侯元年	二	三	四
吴					

前786	前785	前784	前783	前782
四十二	四十三	四十四	四十五	四十六
二十一	二十二	二十三	二十四	二十五
九	十	十一	十二	十三
二十六	二十七　穆侯卒，弟殇叔自立，太子仇出奔。	晋殇叔元年	二	三
三十六	三十七	三十八	三十九	四十
五	六	七	八	九
十四	十五	十六	十七	十八
二十七	二十八	二十九	三十	三十一
十	十一	十二	十三	十四
二十四	二十五	二十六	二十七	二十八
十	十一	十二	十三	十四
二十一	二十二	二十三	二十四	二十五
五	六	七	八	九

	前781	前780	前779	前778
周	幽王元年	二　三川震。	三　王取褒姒。	四
鲁	二十六	二十七	二十八	二十九
齐	十四	十五	十六	十七
晋	四　仇攻杀殇叔，立，为文侯。	晋文侯仇元年	二	三
秦	四十一	四十二	四十三	四十四
楚	十	十一	十二	十三
宋	十九	二十	二十一	二十二
卫	三十二	三十三	三十四	三十五
陈	十五	陈夷公说元年	二	三
蔡	二十九	三十	三十一	三十二
曹	十五	十六	十七	十八
郑	二十六	二十七	二十八	二十九
燕	十	十一	十二	十三
吴				

前777	前776	前775	前774	前773
甲子				
五	六	七	八	九
三十	三十一	三十二	三十三	三十四
十八	十九	二十	二十一	二十二
四	五	六	七	八
秦襄公元年	二	三	四	五
十四	十五	十六	十七	十八
二十三	二十四	二十五	二十六	二十七
三十六	三十七	三十八	三十九	四十
陈平公燮元年	二	三	四	五
三十三	三十四	三十五	三十六	三十七
十九	二十	二十一	二十二	二十三
三十	三十一	三十二	三十三	三十四
十四	十五	十六	十七	十八

	前772	前771	前770	前769
周	十	十一　幽王为犬戎所杀。	平王元年　东徙雒邑。	二
鲁	三十五	三十六	三十七	三十八
齐	二十三	二十四	二十五	二十六
晋	九	十	十一	十二
秦	六	七　始列为诸侯。	八　初立西畤，祠白帝。	九
楚	十九	二十	二十一	二十二
宋	二十八	二十九	三十	三十一
卫	四十一	四十二	四十三	四十四
陈	六	七	八	九
蔡	三十八	三十九	四十	四十一
曹	二十四	二十五	二十六	二十七
郑	三十五	三十六　以幽王故，为犬戎所杀。	郑武公滑突元年	二
燕	十九	二十	二十一	二十二
吴				

前768	前767	前766	前765	前764
	甲戌			
三	四	五	六	七
鲁惠公弗湦元年	二	三	四	五
二十七	二十八	二十九	三十	三十一
十三	十四	十五	十六	十七
十	十一	十二　伐戎至岐而死。	秦文公元年	二
二十三	二十四	二十五	二十六	二十七
三十二	三十三	三十四	宋武公司空元年	二
四十五	四十六	四十七	四十八	四十九
十	十一	十二	十三	十四
四十二	四十三	四十四	四十五	四十六
二十八	二十九	三十	三十一	三十二
三	四	五	六	七
二十三	二十四	燕哀侯元年	二	燕郑侯元年

	前763	前762	前761	前760	前759
周	八	九	十	十一	十二
鲁	六	七	八	九	十
齐	三十二	三十三	三十四	三十五	三十六
晋	十八	十九	二十	二十一	二十二
秦	三	四	五	六	七
楚	楚霄敖元年	二	三	四	五
宋	三	四	五	六	七
卫	五十	五十一	五十二	五十三	五十四
陈	十五	十六	十七	十八	十九
蔡	四十七	四十八	蔡共侯兴元年	二	蔡戴侯元年
曹	三十三	三十四	三十五	三十六	曹穆公元年
郑	八	九	十　娶申侯女武姜。	十一	十二
燕	二	三	四	五	六
吴					

前758	前757	前756	前755	前754
	甲申			
十三	十四	十五	十六	十七
十一	十二	十三	十四	十五
三十七	三十八	三十九	四十	四十一
二十三	二十四	二十五	二十六	二十七
八	九	十　作鄜畤。	十一	十二
六	楚蚡冒元年	二	三	四
八	九	十	十一	十二
五十五	卫庄公杨元年	二	三	四
二十	二十一	二十二	二十三	陈文公圉元年　生桓公鲍、厉公他。他母蔡女。
二	三	四	五	六
二	三	曹桓公终生元年	二	三
十三	十四　生庄公寤生。	十五	十六	十七　生大叔段，母欲立段，公不听。
七	八	九	十	十一

	前753	前752	前751	前750	前749
周	十八	十九	二十	二十一	二十二
鲁	十六	十七	十八	十九	二十
齐	四十二	四十三	四十四	四十五	四十六
晋	二十八	二十九	三十	三十一	三十二
秦	十三	十四	十五	十六	十七
楚	五	六	七	八	九
宋	十三	十四	十五	十六	十七
卫	五	六	七	八	九
陈	二	三	四	五	六
蔡	七	八	九	十	蔡宣侯楷论元年
曹	四	五	六	七	八
郑	十八	十九	二十	二十一	二十二
燕	十二	十三	十四	十五	十六
吴					

前748	前747	前746	前745
	甲午		
二十三	二十四	二十五	二十六
二十一	二十二	二十三	二十四
四十七	四十八	四十九	五十
三十三	三十四	三十五	晋昭侯元年　封季父成师于曲沃，曲沃大于国，君子讥曰："晋人乱自曲沃始矣。"
十八	十九　作祠陈宝。	二十	二十一
十	十一	十二	十三
十八　生鲁桓公母。	宋宣公力元年	二	三
十	十一	十二	十三
七	八	九	十　文公卒。
二	三	四	五
九	十	十一	十二
二十三	二十四	二十五	二十六
十七	十八	十九	二十

	前744	前743	前742	前741
周	二十七	二十八	二十九	三十
鲁	二十五	二十六	二十七	二十八
齐	五十一	五十二	五十三	五十四
晋	二	三	四	五
秦	二十二	二十三	二十四	二十五
楚	十四	十五	十六	十七
宋	四	五	六	七
卫	十四	十五	十六	十七　爱妾子州吁，州吁好兵。
陈	陈桓公元年	二	三	四
蔡	六	七	八	九
曹	十三	十四	十五	十六
郑	二十七	郑庄公寤生元年 祭仲相。	二	三
燕	二十一	二十二	二十三	二十四
吴				

前740	前739	前738	前737	前736
			甲辰	
三十一	三十二	三十三	三十四	三十五
二十九	三十	三十一	三十二	三十三
五十五	五十六	五十七	五十八	五十九
六	潘父杀昭侯，纳成师，不克。昭侯子立，是为孝侯。	二	三	四
二十六	二十七	二十八	二十九	三十
武王立。	二	三	四	五
八	九	十	十一	十二
十八	十九	二十	二十一	二十二
五	六	七	八	九
十	十一	十二	十三	十四
十七	十八	十九	二十	二十一
四	五	六	七	八
二十五	二十六	二十七	二十八	二十九

	前735	前734	前733	前732
周	三十六	三十七	三十八	三十九
鲁	三十四	三十五	三十六	三十七
齐	六十	六十一	六十二	六十三
晋	五	六	七	八
秦	三十一	三十二	三十三	三十四
楚	六	七	八	九
宋	十三	十四	十五	十六
卫	二十三　夫人无子，桓公立。	卫桓公完元年	二　弟州吁骄，桓黜之，出奔。	三
陈	十	十一	十二	十三
蔡	十五	十六	十七	十八
曹	二十二	二十三	二十四	二十五
郑	九	十	十一	十二
燕	三十	三十一	三十二	三十三
吴				

前731	前730	前729	前728
四十	四十一	四十二	四十三
三十八	三十九	四十	四十一
六十四	齐釐公禄父元年	二　同母弟夷仲年生公孙毋知也。	三
九　曲沃桓叔成师卒，子代立，为庄伯。	十	十一	十二
三十五	三十六	三十七	三十八
十	十一	十二	十三
十七	十八	十九　公卒，命立弟和，为穆公。	宋穆公和元年
四	五	六	七
十四	十五	十六	十七
十九	二十	二十一	二十二
二十六	二十七	二十八	二十九
十三	十四	十五	十六
三十四	三十五	三十六	燕穆侯元年

	前727	前726	前725	前724
	甲寅			
周	四十四	四十五	四十六	四十七
鲁	四十二	四十三	四十四	四十五
齐	四	五	六	七
晋	十三	十四	十五	十六　曲沃庄伯杀孝侯，晋人立孝侯子郤，为鄂侯。
秦	三十九	四十	四十一	四十二
楚	十四	十五	十六	十七
宋	二	三	四	五
卫	八	九	十	十一
陈	十八	十九	二十	二十一
蔡	二十三	二十四	二十五	二十六
曹	三十	三十一	三十二	三十三
郑	十七	十八	十九	二十
燕	二	三	四	五
吴				

前723	前722	前721	前720
四十八	四十九	五十	五十一
四十六	鲁隐公息姑元年　母声子。	二	三　二月，日蚀。
八	九	十	十一
晋鄂侯郤元年　曲沃强于晋。	二	三	四
四十三	四十四	四十五	四十六
十八	十九	二十	二十一
六	七	八	九　公属孔父立殇公。冯奔郑。
十二	十三	十四	十五
二十二	二十三	二十四	二十五
二十七	二十八	二十九	三十
三十四	三十五	三十六	三十七
二十一	二十二　段作乱，奔。	二十三　公悔，思母不见，穿地相见。	二十四　侵周，取禾。
六	七	八	九

	前719	前718	前717
			甲子
周	桓王元年	二　使虢公伐晋之曲沃。	三
鲁	四	五　公观鱼于棠，君子讥之。	六　郑人来渝平。
齐	十二	十三	十四
晋	五	六　鄂侯卒。曲沃庄伯复攻晋。立鄂侯子光，为哀侯。	晋哀侯光元年
秦	四十七	四十八	四十九
楚	二十二	二十三	二十四
宋	宋殇公与夷元年	二　郑伐我。我伐郑。	三
卫	十六　州吁弑公自立。	卫宣公晋元年　共立之。讨州吁。	二
陈	二十六　卫石碏来告，故执州吁。	二十七	二十八
蔡	三十一	三十二	三十三
曹	三十八	三十九	四十
郑	二十五	二十六	二十七　始朝王，王不礼。
燕	十	十一	十二
吴			

前716	前715	前714	前713
四	五	六	七
七	八　易许田，君子讥之。	九　三月，大雨雹，电。	十
十五	十六	十七	十八
二　庄伯卒，子称立，为武公。	三	四	五
五十	秦宁公元年	二	三
二十五	二十六	二十七	二十八
四	五	六	七　诸侯败我。我师与卫人伐郑。
三	四	五	六
二十九	三十	三十一	三十二
三十四	三十五	蔡桓侯封人元年	二
四十一	四十二	四十三	四十四
二十八	二十九　与鲁祊，易许田。	三十	三十一
十三	十四	十五	十六

	前712	前711
周	八	九
鲁	十一　大夫翚请杀桓公，求为相，公不听，即杀公。	鲁桓公允元年　母宋武公女，生手文为鲁夫人。
齐	十九	二十
晋	六	七
秦	四	五
楚	二十九	三十
宋	八	九
卫	七	八
陈	三十三	三十四
蔡	三	四
曹	四十五	四十六
郑	三十二	三十三　以璧加鲁，易许田。
燕	十七	十八
吴		

前710	前709	前708
十	十一	十二
二　宋赂以鼎，入于太庙，君子讥之。	三　翚迎女，齐侯送女，君子讥之。	四
二十一	二十二	二十三
八	晋小子元年	二
六	七	八
三十一	三十二	三十三
华督见孔父妻好，悦之。华督杀孔父，及杀殇公。宋公冯元年　华督为相。	二	三
九	十	十一
三十五	三十六	三十七
五	六	七
四十七	四十八	四十九
三十四	三十五	三十六
燕宣侯元年	二	三

	前707	前706
	甲戌	
周	十三　伐郑。	十四
鲁	五	六
齐	二十四	二十五　山戎伐我。
晋	三	曲沃武公杀小子。周伐曲沃，立晋哀侯弟湣为晋侯。晋侯湣元年
秦	九	十
楚	三十四	三十五　侵随，随为善政，得止。
宋	四	五
卫	十二	十三
陈	三十八　弟他杀太子免。代立，国乱，再赴。	陈厉公他元年
蔡	八	九
曹	五十	五十一
郑	三十七　伐周，伤王。	三十八　太子忽救齐，齐将妻之。
燕	四	五
吴		

前705	前704	前703	前702
十五	十六	十七	十八
七	八	九	十
二十六	二十七	二十八	二十九
二	三	四	五
十一	十二	秦出子元年	二
三十六	三十七　伐随，弗拔，但盟，罢兵。	三十八	三十九
六	七	八	九
十四	十五	十六	十七
二　生敬仲完。周史卜完后世王齐。	三	四	五
十	十一	十二	十三
五十二	五十三	五十四	五十五
三十九	四十	四十一	四十二
六	七	八	九

	前701	前700	前699	前698
周	十九	二十	二十一	二十二
鲁	十一	十二	十三	十四
齐	三十	三十一	三十二　釐公令毋知秩服如太子。	三十三
晋	六	七	八	九
秦	三	四	五	六　三父杀出子，立其兄武公。
楚	四十	四十一	四十二	四十三
宋	十　执祭仲。	十一	十二	十三
卫	十八　太子伋弟寿争死。	十九	卫惠公朔元年	二
陈	六	七　公淫蔡，蔡杀公。	陈庄公林元年　桓公子。	二
蔡	十四	十五	十六	十七
曹	曹庄公射姑元年	二	三	四
郑	四十三	郑厉公突元年	二	三　诸侯伐我，报宋故。
燕	十	十一	十二	十三
吴				

前697	前696	前695
甲申		
二十三	庄王元年　生子穨。	二　有弟克。
十五　天王求车，非礼。	十六　公会曹，谋伐郑。	十七　日食，不书日，官失之。
齐襄公诸儿元年　贬毋知秩服，毋知怨。	二	三
十	十一	十二
秦武公元年　伐彭，至华山。	二	三
四十四	四十五	四十六
十四	十五	十六
三　朔奔齐，立黔牟。	卫黔牟元年	二
三	四	五
十八	十九	二十
五	六	七
四　祭仲立忽，公出居栎。	郑昭公忽元年　忽母邓女，祭仲取之。	二　渠弥杀昭公。
燕桓侯元年	二	三

	前694	前693	前692
周	三	四　周公欲杀王而立子克，王诛周公，克奔燕。	五
鲁	十八　公与夫人如齐，齐侯通焉，使彭生杀公于车上。	鲁庄公同元年	二
齐	四　杀鲁桓公，诛彭生。	五	六
晋	十三	十四	十五
秦	四	五	六
楚	四十七	四十八	四十九
宋	十七	十八	十九
卫	三	四	五
陈	六	七	陈宣公杵臼元年　杵臼，庄公弟。
蔡	蔡哀侯献舞元年	二	三
曹	八	九	十
郑	郑子亹元年　齐杀子亹，昭公弟。	郑子婴元年　子亹之弟。	二
燕	四	五	六
吴			

前691	前690	前689	前688
六	七	八	九
三	四	五　与齐伐卫，纳惠公。	六
七	八　伐纪，去其都邑。	九	十
十六	十七	十八	十九
七	八	九	十
五十	五十一　王伐随，告夫人心动，王卒军中。	楚文王赀元年始都郢。	二　伐申，过邓，邓甥曰楚可取，邓侯不许。
宋湣公捷元年	二	三	四
六	七	八	九
二	三	四	五
四	五	六	七
十一	十二	十三	十四
三	四	五	六
七	燕庄公元年	二	三

	前687	前686	前685
	甲午		
周	十	十一	十二
鲁	七　星陨如雨，与雨偕。	八　子纠来奔，与管仲俱避毋知乱。	九　鲁欲与纠入，后小白，齐距鲁，使生致管仲。
齐	十一	十二　毋知杀君自立。	齐桓公小白元年　春，齐杀毋知。
晋	二十	二十一	二十二
秦	十一	十二	十三
楚	三	四	五
宋	五	六	七
卫	十　齐立惠公，黔牟奔周。	卫惠公朔复入。　十四年	十五
陈	六	七	八
蔡	八	九	十
曹	十五	十六	十七
郑	七	八	九
燕	四	五	六
吴			

前684	前683	前682
十三	十四	十五
十　齐伐我，为纠故。	十一　臧文仲吊宋水。	十二
二	三	四
二十三	二十四	二十五
十四	十五	十六
六　息夫人，陈女，过蔡，蔡不礼，恶之。楚伐蔡，获哀侯以归。	七	八
八	九　宋大水，公自罪。鲁使臧文仲来吊。	十　万杀君，仇牧有义。
十六	十七	十八
九	十	十一
十一　楚虏我侯。	十二	十三
十八	十九	二十
十	十一	十二
七	八	九

	前681	前680	前679
周	釐王元年	二	三
鲁	十三　曹沬劫桓公。反所亡地。	十四	十五
齐	五　与鲁人会柯。	六	七　始霸，会诸侯于鄄。
晋	二十六	二十七	二十八　曲沃武公灭晋侯湣，以宝献周，周命武公为晋君，并其地。
秦	十七	十八	十九
楚	九	十	十一
宋	宋桓公御说元年　庄公子。	二	三
卫	十九	二十	二十一
陈	十二	十三	十四
蔡	十四	十五	十六
曹	二十一	二十二	二十三
郑	十三	十四	郑厉公元年　厉公亡后十七岁复入。
燕	十	十一	十二
吴			

前678	前677	前676
	甲辰	
四	五	惠王元年　取陈后。
十六	十七	十八
八	九	十
晋武公称并晋，已立三十八年，不更元，因其元年。	三十九　武公卒，子诡诸立，为献公。	晋献公诡诸元年
二十　葬雍，初以人从死。	秦德公元年　武公弟。	二　初作伏，祠社，磔狗邑四门。
十二　伐邓，灭之。	十三	楚堵敖囏元年
四	五	六
二十二	二十三	二十四
十五	十六	十七
十七	十八	十九
二十四	二十五	二十六
二　诸侯伐我。	三	四
十三	十四	十五

	前675	前674	前673	前672
周	二　燕、卫伐王，王奔温，立子穨。	三	四　诛穨，入惠王。	五　太子母早死。惠后生叔带。
鲁	十九	二十	二十一	二十二
齐	十一	十二	十三	十四　陈完自陈来奔，田常始此也。
晋	二	三	四	五　伐骊戎，得姬。
秦	秦宣公元年	二	三	四　作密畤。
楚	二	三	四	五　弟恽杀堵敖自立。
宋	七　取卫女。文公弟。	八	九	十
卫	二十五	二十六	二十七	二十八
陈	十八	十九	二十	二十一　厉公子完奔齐。
蔡	二十	蔡穆侯肸元年	二	三
曹	二十七	二十八	二十九	三十
郑	五	六	七　救周乱，入王。	郑文公捷元年
燕	十六　伐王，王奔温，立子穨。	十七　郑执我仲父。	十八	十九
吴				

前671	前670	前669	前668
六	七	八	九
二十三　公如齐观社。	二十四	二十五	二十六
十五	十六	十七	十八
六	七	八　尽杀故晋侯群公子。	九　始城绛都。
五	六	七	八
楚成王恽元年	二	三	四
十一	十二	十三	十四
二十九	三十	三十一	卫懿公赤元年
二十二	二十三	二十四	二十五
四	五	六	七
三十一	曹釐公夷元年	二	三
二	三	四	五
二十	二十一	二十二	二十三

	前667	前666	前665	前664
	甲寅			
周	十　赐齐侯命。	十一	十二	十三
鲁	二十七	二十八	二十九	三十
齐	十九	二十	二十一	二十二
晋	十	十一	十二　太子申生居曲沃，重耳居蒲城，夷吾居屈。骊姬故。	十三
秦	九	十	十一	十二
楚	五	六	七	八
宋	十五	十六	十七	十八
卫	二	三	四	五
陈	二十六	二十七	二十八	二十九
蔡	八	九	十	十一
曹	四	五	六	七
郑	六	七	八	九
燕	二十四	二十五	二十六	二十七
吴				

前663	前662	前661
十四	十五	十六
三十一	三十二　庄公弟叔牙鸩死。庆父弑子般。季友奔陈。立湣公。	鲁湣公开元年
二十三　伐山戎，为燕也。	二十四	二十五
十四	十五	十六　灭魏、耿、霍。始封赵夙耿，毕万魏，始此。
秦成公元年	二	三
九	十	十一
十九	二十	二十一
六	七	八
三十	三十一	三十二
十二	十三	十四
八	九	曹昭公元年
十	十一	十二
二十八	二十九	三十

	前660	前659
周	十七	十八
鲁	二　庆父杀湣公。季友自陈立申，为釐公。杀庆父。	鲁釐公申元年　哀姜丧自齐至。
齐	二十六	二十七　杀女弟鲁庄公夫人，淫故。
晋	十七　申生将军，君子知其废。	十八
秦	四	秦穆公任好元年
楚	十二	十三
宋	二十二	二十三
卫	翟伐我。公好鹤，士不战，灭我国。国怨惠公乱，灭其后，更立黔牟弟。卫戴公元年	卫文公燬元年　戴公弟也。
陈	三十三	三十四
蔡	十五	十六
曹	二	三
郑	十三	十四
燕	三十一	三十二
吴		

前658	前657	前656
	甲子	
十九	二十	二十一
二	三	四
二十八　为卫筑楚丘。救戎狄伐。	二十九　与蔡姬共舟，荡公，公怒，归蔡姬。	三十　率诸侯伐蔡，蔡溃，遂伐楚，责包茅贡。
十九　荀息以币假道于虞以伐虢，灭下阳。	二十	二十一　申生以骊姬谗自杀。重耳奔蒲，夷吾奔屈。
二	三	四　迎妇于晋。
十四	十五	十六　齐伐我，至陉，使屈完盟。
二十四	二十五	二十六
二　齐桓公率诸侯为我城楚丘。	三	四
三十五	三十六	三十七
十七	十八　以女故，齐伐我。	十九
四	五	六
十五	十六	十七
三十三	燕襄公元年	二

	前655	前654	前653
周	二十二	二十三	二十四
鲁	五	六	七
齐	三十一	三十二　率诸侯伐郑。	三十三
晋	二十二　灭虞、虢。重耳奔狄。	二十三　夷吾奔梁。	二十四
秦	五	六	七
楚	十七	十八　伐许，许君肉袒谢，楚从之。	十九
宋	二十七	二十八	二十九
卫	五	六	七
陈	三十八	三十九	四十
蔡	二十	二十一	二十二
曹	七	八	九
郑	十八	十九	二十
燕	三	四	五
吴			

前652	前651	前650
二十五　襄王立，畏太叔。	襄王元年　诸侯立王。	二
八	九　齐率我伐晋乱，至高梁还。	十
三十四	三十五　夏，会诸侯于葵丘。天子使宰孔赐胙，命无拜。	三十六　使隰朋立晋惠公。
二十五　伐翟，以重耳故。	二十六　公卒，立奚齐，里克杀之，及卓子。立夷吾。	晋惠公夷吾元年　诛里克，倍秦约。
八	九　夷吾使郤芮赂，求入。	十　丕郑子豹亡来。
二十	二十一	二十二
三十　公疾，太子兹父让兄目夷贤，公不听。	三十一　公薨，未葬，齐桓会葵丘。	宋襄公兹父元年　目夷相。
八	九	十
四十一	四十二	四十三
二十三	二十四	二十五
曹共公元年	二	三
二十一	二十二	二十三
六	七	八

	前649	前648
周	三　戎伐我，太叔带召之。欲诛叔带，叔带奔齐。	四
鲁	十一	十二
齐	三十七	三十八　使管仲平戎于周，欲以上卿礼，让，受下卿。
晋	二	三
秦	十一　救王伐戎，戎去。	十二
楚	二十三　伐黄。	二十四
宋	二	三
卫	十一	十二
陈	四十四	四十五
蔡	二十六	二十七
曹	四	五
郑	二十四　有妾梦天与之兰，生穆公兰。	二十五
燕	九	十
吴		

前647	前646	前645
甲戌		
五	六	七
十三	十四	十五　五月，日有食之。不书，史官失之。
三十九　使仲孙请王，言叔带，王怒。	四十	四十一
四　饥，请粟，秦与我。	五　秦饥，请粟，晋倍之。	六　秦虏惠公，复立之。
十三　丕豹欲无与，公不听，输晋粟，起雍至绛。	十四	十五　以盗食善马士得破晋。
二十五	二十六　灭六、英。	二十七
四	五	六
十三	十四	十五
陈穆公款元年	二	三
二十八	二十九	蔡庄侯甲午元年
六	七	八
二十六	二十七	二十八
十一	十二	十三

	前644	前643	前642	前641
周	八	九	十	十一
鲁	十六	十七	十八	十九
齐	四十二　王以戎寇告齐，齐征诸侯戍周。	四十三	齐孝公昭元年	二
晋	七　重耳闻管仲死，去翟之齐。	八	九	十
秦	十六　为河东置官司。	十七	十八	十九　灭梁。梁好城，不居，民罢，相惊，故亡。
楚	二十八	二十九	三十	三十一
宋	七　陨五石。六鹢退飞，过我都。	八	九	十
卫	十六	十七	十八	十九
陈	四	五	六	七
蔡	二	三	四	五
曹	九	十	十一	十二
郑	二十九	三十	三十一	三十二
燕	十四	十五	十六	十七
吴				

前640	前639	前638	前637
			甲申
十二	十三	十四　叔带复归于周。	十五
二十	二十一	二十二	二十三
三	四	五　归王弟带。	六　伐宋，以其不同盟。
十一	十二	十三　太子圉质秦亡归。	十四　圉立，为怀公。
二十	二十一	二十二	二十三　迎重耳于楚，厚礼之，妻之女。重耳愿归。
三十二	三十三　执宋襄公，复归之。	三十四	三十五　重耳过，厚礼之。
十一	十二　召楚盟。	十三　泓之战，楚败公。	十四　公疾死泓战。
二十	二十一	二十二	二十三　重耳从齐过，无礼。
八	九	十	十一
六	七	八	九
十三	十四	十五	十六　重耳过，无礼，僖负羁私善。
三十三	三十四	三十五　君如楚，宋伐我。	三十六　重耳过，无礼，叔詹谏。
十八	十九	二十	二十一

	前636	前635	前634
周	十六　王奔氾。氾，郑地也。	十七　晋纳王。	十八
鲁	二十四	二十五	二十六
齐	七	八	九
晋	晋文公元年　诛子圉。魏武子为魏大夫，赵衰为原大夫。咎犯曰："求霸莫如内王。"	二	三　宋服。
秦	二十四　以兵送重耳。	二十五　欲内王，军河上。	二十六
楚	三十六	三十七	三十八
宋	宋成公王臣元年	二	三　倍楚亲晋。
卫	二十四	二十五	卫成公郑元年
陈	十二	十三	十四
蔡	十	十一	十二
曹	十七	十八	十九
郑	三十七	三十八	三十九
燕	二十二	二十三	二十四
吴			

前633	前632	前631
十九	二十　王狩河阳。	二十一
二十七	二十八　公如践土会朝。	二十九
十　孝公薨，弟潘因卫公子开方杀孝公子，立潘。	齐昭公潘元年　会晋败楚，朝周王。	二
四　救宋，报曹、卫耻。	五　侵曹伐卫，取五鹿，执曹伯。诸侯败楚而朝河阳，周命赐公土地。	六
二十七	二十八　会晋伐楚朝周。	二十九
三十九　使子玉伐宋。	四十　晋败子玉于城濮。	四十一
四　楚伐我，我告急于晋。	五　晋救我，楚兵去。	六
二	三　晋伐我，取五鹿。公出奔，立公子瑕。会晋朝，复归卫。	四　晋以卫与宋。
十五	十六　会晋伐楚，朝周王。	陈共公朔元年
十三	十四　会晋伐楚，朝周王。	十五
二十	二十一　晋伐我，执公，复归之。	二十二
四十	四十一	四十二
二十五	二十六	二十七

	前630	前629	前628	前627
				甲午
周	二十二	二十三	二十四	二十五
鲁	三十	三十一	三十二	三十三　僖公薨。
齐	三	四	五	六　狄侵我。
晋	七　听周归卫成公。与秦围郑。	八	九　文公薨。	晋襄公驩元年　破秦于殽。
秦	三十　围郑，有言即去。	三十一	三十二　将袭郑，蹇叔曰不可。	三十三　袭郑，晋败我殽。
楚	四十二	四十三	四十四	四十五
宋	七	八	九	十
卫	五　周入成公，复卫。	六	七	八
陈	二	三	四	五
蔡	十六	十七	十八	十九
曹	二十三	二十四	二十五	二十六
郑	四十三　秦、晋围我，以晋故。	四十四	四十五　文公薨。	郑穆公兰元年　秦袭我，弦高诈之。
燕	二十八	二十九	三十	三十一
吴				

前626	前625
二十六	二十七
鲁文公兴元年	二
七	八
二　伐卫，卫伐我。	三　秦报我殽，败于汪。
三十四　败殽将亡归，公复其官。	三十五　伐晋报殽，败我于汪。
四十六　王欲杀太子立职，太子恐，与傅潘崇杀王。王欲食熊蹯死，不听。自立为王。	楚穆王商臣元年　以其太子宅赐崇，为相。
十一	十二
九　晋伐我，我伐晋。	十
六	七
二十	二十一
二十七	二十八
二	三
三十二	三十三

	前624	前623	前622
周	二十八	二十九	三十
鲁	三　公如晋。	四	五
齐	九	十	十一
晋	四　秦伐我，取王官，我不出。	五　伐秦，围邧、新城。	六　赵成子、栾贞子、霍伯、臼季皆卒。
秦	三十六　以孟明等伐晋，晋不敢出。	三十七　晋伐我，围邧、新城。	三十八
楚	二　晋伐我。	三　灭江。	四　灭六、蓼。
宋	十三	十四	十五
卫	十一	十二　公如晋。	十三
陈	八	九	十
蔡	二十二	二十三	二十四
曹	二十九	三十	三十一
郑	四	五	六
燕	三十四	三十五	三十六
吴			

前621	前620	前619
三十一	三十二	三十三　襄王崩。
六	七	八　王使卫来求金以葬，非礼。
十二	十三	十四
七　公卒。赵盾为太子少，欲更立君，恐诛，遂立太子，为灵公。	晋灵公夷皋元年　赵盾专政。	二　秦伐我，取武城，报令狐之战。
三十九　缪公薨。葬殉以人，从死者百七十人，君子讥之，故不言卒。	秦康公罃元年	二
五	六	七
十六	十七　公孙固杀成公。	宋昭公杵臼元年　襄公之子。
十四	十五	十六
十一	十二	十三
二十五	二十六	二十七
三十二	三十三	三十四
七	八	九
三十七	三十八	三十九

	前618	前617	前616
		甲辰	
周	顷王元年	二	三
鲁	九	十	十一　败长翟于咸而归，得长翟。
齐	十五	十六	十七
晋	三　率诸侯救郑。	四　伐秦，拔少梁。秦取我北徵。	五
秦	三	四　晋伐我，取少梁。我伐晋，取北徵。	五
楚	八　伐郑，以其服晋。	九	十
宋	二	三	四　败长翟长丘。
卫	十七	十八	十九
陈	十四	十五	十六
蔡	二十八	二十九	三十
曹	三十五	曹文公寿元年	二
郑	十　楚伐我。	十一	十二
燕	四十	燕桓公元年	二
吴			

前615	前614	前613
四	五	六　顷王崩。公卿争政，故不赴。
十二	十三	十四　彗星入北斗，周史曰："七年，宋、齐、晋君死。"
十八	十九	二十　昭公卒。弟商人杀太子自立，是为懿公。
六　秦取我羁马。与秦战河曲，秦师遁。	七　得随会。	八　赵盾以车八百乘纳捷菑，平王室。
六　伐晋，取羁马。怒，与我大战河曲。	七　晋诈得随会。	八
十一	十二	楚庄王侣元年
五	六	七
二十	二十一	二十二
十七	十八	陈灵公平国元年
三十一	三十二	三十三
三	四	五
十三	十四	十五
三	四	五

	前612	前611	前610
周	匡王元年	二	三
鲁	十五　六月辛丑，日蚀。齐伐我。	十六	十七　齐伐我。
齐	齐懿公商人元年	二　不得民心。	三　伐鲁。
晋	九　我入蔡。	十	十一　率诸侯平宋。
秦	九	十	十一
楚	二	三　灭庸。	四
宋	八	九　襄夫人使卫伯杀昭公。弟鲍立。	宋文公鲍元年　昭公弟。晋率诸侯平我。
卫	二十三	二十四	二十五
陈	二	三	四
蔡	三十四　晋伐我。庄侯薨。	蔡文侯申元年	二
曹	六　齐入我郛。	七	八
郑	十六	十七	十八
燕	六	七	八
吴			

前609	前608
四	五
十八　襄仲杀嫡，立庶子，为宣公。	鲁宣公倭元年　鲁立宣公，不正，公室卑。
四　公刖邴歜父而夺阎职妻，二人共杀公，立桓公子惠公。	齐惠公元元年　取鲁济西之田。
十二	十三　赵盾救陈、宋，伐郑。
十二	秦共公和元年
五	六　伐宋、陈，以倍我服晋故。
二	三　楚、郑伐我，以我倍楚故也。
二十六	二十七
五	六
三	四
九	十
十九	二十　与楚侵陈，遂侵宋。晋使赵盾伐我，以倍晋故。
九	十

	前607	前606	前605
	甲寅		
周	六　匡王崩。	定王元年	二
鲁	二	三	四
齐	二　王子成父败长翟。	三	四
晋	十四　赵穿杀灵公，赵盾使穿迎公子黑臀于周，立之。赵氏赐公族。	晋成公黑臀元年　伐郑。	二
秦	二	三	四
楚	七	八　伐陆浑，至雒，问鼎轻重。	九　若敖氏为乱，灭之。伐郑。
宋	四　华元以羊羹故陷于郑。	五　赎华元，亡归。围曹。	六
卫	二十八	二十九	三十
陈	七	八	九
蔡	五	六	七
曹	十一	十二　宋围我。	十三
郑	二十一　与宋师战，获华元。	二十二　华元亡归。	郑灵公夷元年　公子归生以鼋故杀灵公。
燕	十一	十二	十三
吴			

前604	前603	前602	前601
三	四	五	六
五	六	七	八　七月，日蚀。
五	六	七	八
三　中行桓子荀林父救郑，伐陈。	四　与卫侵陈。	五	六　与鲁伐秦，获秦谍，杀之绛市，六日而苏。
五	秦桓公元年	二	三　晋伐我，获谍。
十	十一	十二	十三　伐陈。灭舒蓼。
七	八	九	十
三十一	三十二　与晋侵陈。	三十三	三十四
十　楚伐郑，与我平。晋中行桓子距楚，救郑，伐我。	十一　晋、卫侵我。	十二	十三　楚伐我。
八	九	十	十一
十四	十五	十六	十七
郑襄公坚元年　灵公庶弟。楚伐我，晋来救。	二	三	四
十四	十五	十六	燕宣公元年

	前600	前599	前598
周	七	八	九
鲁	九	十　四月，日蚀。	十一
齐	九	十　公卒。崔杼有宠，高、国逐之，奔卫。	齐顷公无野元年
晋	七　使桓子伐楚。以诸侯师伐陈救郑。成公薨。	晋景公据元年　与宋伐郑。	二
秦	四	五	六
楚	十四　伐郑，晋郤缺救郑，败我。	十五	十六　率诸侯诛陈夏徵舒，立陈灵公子午。
宋	十一	十二	十三
卫	三十五	卫穆公遬元年　齐崔杼来奔。	二
陈	十四	十五　夏徵舒以其母辱，杀灵公。	陈成公午元年　灵公太子。
蔡	十二	十三	十四
曹	十八	十九	二十
郑	五　楚伐我，晋来救，败楚师。	六　晋、宋、楚伐我。	七
燕	二	三	四
吴			

前597	前596	前595	前594
甲子			
十	十一	十二	十三
十二	十三	十四	十五　初税亩。
二	三	四	五
三　救郑，为楚所败河上。	四	五　伐郑。	六　救宋，执解扬，有使节。秦伐我。
七	八	九	十　伐晋。
十七　围郑，郑伯肉袒谢，释之。	十八	十九　围宋，为杀使者。	二十　围宋。五月，华元告子反以诚，楚罢。
十四　伐陈。	十五	十六　杀楚使者，楚围我。	十七　华元告楚，楚去。
三	四	五	六
二	三	四	五
十五	十六	十七	十八
二十一	二十二	二十三　文公薨。	曹宣公庐元年
八　楚围我，我卑辞以解。	九	十　晋伐我。	十一　佐楚伐宋，执解扬。
五	六	七	八

	前593	前592	前591	前590
周	十四	十五	十六	十七
鲁	十六	十七　日蚀。	十八　宣公薨。	鲁成公黑肱元年春，齐取我隆。
齐	六	七　晋使郤克来齐。妇人笑之，克怒，归去。	八　晋伐败我。	九
晋	七　随会灭赤翟。	八　使郤克使齐，妇人笑之，克怒归。	九　伐齐，质子彊，兵罢。	十
秦	十一	十二	十三	十四
楚	二十一	二十二	二十三　庄王薨。	楚共王审元年
宋	十八	十九	二十	二十一
卫	七	八	九	十
陈	六	七	八	九
蔡	十九	二十　文侯薨。	蔡景侯固元年	二
曹	二	三	四	五
郑	十二	十三	十四	十五
燕	九	十	十一	十二
吴				

前589	前588	前587
		甲戌
十八	十九	二十
二　与晋伐齐，齐归我汶阳，窃与楚盟。	三　会晋、宋、卫、曹伐郑。	四　公如晋，晋不敬，公欲倍晋合于楚。
十　晋郤克败公于鞍，虏逢丑父。	十一　顷公如晋，欲王晋，晋不敢受。	十二
十一　与鲁、曹败齐。	十二　始置六卿。率诸侯伐郑。	十三　鲁公来，不敬。
十五	十六	十七
二　秋，申公巫臣窃徵舒母奔晋，以为邢大夫。冬，伐卫、鲁，救齐。	三	四　子反救郑。
二十二	宋共公瑕元年	二
十一　穆公薨。与诸侯败齐，反侵地。楚伐我。	卫定公臧元年	二
十	十一	十二
三	四	五
六	七　伐郑。	八
十六	十七　晋率诸侯伐我。	十八　晋栾书取我氾。襄公薨。
十三	十四	十五

	前586	前585	前584
周	二十一　定王崩。	简王元年	二
鲁	五	六	七
齐	十三	十四	十五
晋	十四　梁山崩。伯宗隐其人而用其言。	十五　使栾书救郑，遂侵蔡。	十六　以巫臣始通于吴而谋楚。
秦	十八	十九	二十
楚	五　伐郑，倍我故也。郑悼公来讼。	六	七　伐郑。
宋	三	四	五
卫	三	四	五
陈	十三	十四	十五
蔡	六	七　晋侵我。	八
曹	九	十	十一
郑	郑悼公费元年　公如楚讼。	二　悼公薨。楚伐我，晋使栾书来救。	郑成公睔元年　悼公弟也。楚伐我。
燕	燕昭公元年	二	三
吴		吴寿梦元年	二　巫臣来，谋伐楚。

前583	前582	前581	前580
三	四	五	六
八	九	十　公如晋送葬，讳之。	十一
十六	十七　顷公薨。	齐灵公环元年	二
十七　复赵武田邑。侵蔡。	十八　执郑成公，伐郑。秦伐我。	十九	晋厉公寿曼元年
二十一	二十二　伐晋。	二十三	二十四　与晋侯夹河盟，归，倍盟。
八	九　救郑。冬，与晋成。	十	十一
六	七	八	九
六	七	八	九
十六	十七	十八	十九
九　晋伐我。	十	十一	十二
十二	十三	十四	十五
二	三　与楚盟。公如晋，执公伐我。	四　晋率诸侯伐我。	五
四	五	六	七
三	四	五	六

	前579	前578	前577	前576
			甲申	
周	七	八	九	十
鲁	十二	十三　会晋伐秦。	十四	十五　始与吴通，会锺离。
齐	三	四　伐秦。	五	六
晋	二	三　伐秦至泾，败之，获其将成差。	四	五　三郤谗伯宗，杀之，伯宗好直谏。
秦	二十五	二十六　晋率诸侯伐我。	二十七	秦景公元年
楚	十二	十三	十四	十五　许畏郑，请徙叶。
宋	十	十一　晋率我伐秦。	十二	十三　华元奔晋，复还。
卫	十	十一	十二　定公薨。	卫献公衎元年
陈	二十	二十一	二十二	二十三
蔡	十三	十四	十五	十六
曹	十六	十七　晋率我伐秦。	曹成公负刍元年	二　晋执我公以归。
郑	六	七　晋率我伐秦。	八	九
燕	八	九	十	十一
吴	七	八	九	十　与鲁会锺离。

前575	前574	前573
十一	十二	十三
十六　宣伯告晋，欲杀季文子，文子得以义脱。	十七	十八　成公薨。
七	八	九
六　败楚鄢陵。	七	八　栾书、中行偃杀厉公，立襄公曾孙，为悼公。
二	三	四
十六　救郑，不利。子反醉，军败，杀子反归。	十七	十八　为鱼石伐宋彭城。
宋平公成元年	二	三　楚伐彭城，封鱼石。
二	三	四
二十四	二十五	二十六
十七	十八	十九
三	四	五
十　倍晋盟楚，晋伐我，楚来救。	十一	十二　与楚伐宋。
十二	十三　昭公薨。	燕武公元年
十一	十二	十三

	前572	前571	前570
周	十四　简王崩。	灵王元年　生有髭。	二
鲁	鲁襄公午元年　围宋彭城。	二　会晋城虎牢。	三
齐	十　晋伐我，使太子光质于晋。	十一	十二
晋	晋悼公元年　围宋彭城。	二　率诸侯伐郑，城虎牢。	三　魏绛辱杨干。
秦	五	六	七
楚	十九　侵宋，救郑。	二十	二十一　使子重伐吴，至衡山。使何忌侵陈。
宋	四　楚侵我，取犬丘。晋诛鱼石，归我彭城。	五	六
卫	五　围宋彭城。	六	七
陈	二十七	二十八	二十九　倍楚盟，楚侵我。
蔡	二十	二十一	二十二
曹	六	七	八
郑	十三　晋伐败我兵于洧上，楚来救。	十四　成公薨。晋率诸侯伐我。	郑釐公恽元年
燕	二	三	四
吴	十四	十五	十六　楚伐我。

前569	前568	前567	前566
		甲午	
三	四	五	六
四　公如晋。	五　季文子卒。	六	七
十三	十四	十五	十六
四　魏绛说和戎、狄，狄朝晋。	五	六	七
八	九	十	十一
二十二　伐陈。	二十三　伐陈。	二十四	二十五　围陈。
七	八	九	十
八	九	十	十一
三十　楚伐我。成公薨。	陈哀公弱元年	二	三　楚围我，为公亡归。
二十三	二十四	二十五	二十六
九	十	十一	十二
二	三	四	五　子驷使贼夜杀釐公，诈以病卒赴诸侯。
五	六	七	八
十七	十八	十九	二十

	前565	前564	前563
周	七	八	九　王叔奔晋。
鲁	八　公如晋。	九　与晋伐郑，会河上，问公年十二，可冠，冠于卫。	十　楚、郑侵我西鄙。
齐	十七	十八　与晋伐郑。	十九　令太子光、高厚会诸侯锺离。
晋	八	九　率齐、鲁、宋、卫、曹伐郑。秦伐我。	十　率诸侯伐郑。荀罃伐秦。
秦	十二	十三　伐晋，楚为我援。	十四　晋伐我。
楚	二十六　伐郑。	二十七　伐郑，师于武城，为秦。	二十八　使子囊救郑。
宋	十一	十二　晋率我伐郑。	十三　郑伐我，卫来救。
卫	十二	十三　晋率我伐郑。师曹鞭公幸妾。	十四　救宋。
陈	四	五	六
蔡	二十七　郑侵我。	二十八	二十九
曹	十三	十四　晋率我伐郑。	十五
郑	郑简公嘉元年　釐公子。	二　诛子驷。晋率诸侯伐我，我与盟。楚怒，伐我。	三　晋率诸侯伐我，楚来救。子孔作乱，子产攻之。
燕	九	十	十一
吴	二十一	二十二	二十三

前562	前561	前560
十	十一	十二
十一　三桓分为三军，各将军。	十二　公如晋。	十三
二十	二十一	二十二
十一　率诸侯伐郑。秦败我栎。公曰：“吾用魏绛，九合诸侯。”赐之乐。	十二	十三
十五　我使庶长鲍伐晋救郑，败之栎。	十六	十七
二十九　与郑伐宋。	三十	三十一　吴伐我，败之。共王薨。
十四　楚、郑伐我。	十五	十六
十五　伐郑。	十六	十七
七	八	九
三十	三十一	三十二
十六	十七	十八
四　与楚伐宋，晋率诸侯伐我，秦来救。	五	六
十二	十三	十四
二十四	二十五　寿梦卒。	吴诸樊元年　楚败我。

	前559	前558	前557
			甲辰
周	十三	十四	十五
鲁	十四　日蚀。	十五　日蚀。齐伐我。	十六　齐伐我。地震。齐复伐我北鄙。
齐	二十三　卫献公来奔。	二十四　伐鲁。	二十五　伐鲁。
晋	十四　率诸侯大夫伐秦，败棫林。	十五　悼公薨。	晋平公彪元年　伐败楚于湛坂。
秦	十八　晋诸侯大夫伐我，败棫林。	十九	二十
楚	楚康王昭元年　共王太子出奔吴。	二	三　晋伐我，败湛坂。
宋	十七	十八	十九
卫	十八　孙文子攻公，公奔齐，立定公弟狄。	卫殇公狄元年　定公弟。	二
陈	十	十一	十二
蔡	三十三	三十四	三十五
曹	十九	二十	二十一
郑	七	八	九
燕	十五	十六	十七
吴	二　季子让位。楚伐我。	三	四

前556	前555	前554
十六	十七	十八
十七　齐伐我北鄙。	十八　与晋伐齐。	十九
二十六　伐鲁。	二十七　晋围临淄。晏婴。	二十八　废光，立子牙为太子。光与崔杼杀牙自立。晋、卫伐我。
二	三　率鲁、宋、郑、卫围齐，大破之。	四　与卫伐齐。
二十一	二十二	二十三
四	五　伐郑。	六
二十　伐陈。	二十一　晋率我伐齐。	二十二
三　伐曹。	四	五　晋率我伐齐。
十三　宋伐我。	十四	十五
三十六	三十七	三十八
二十二　卫伐我。	二十三　成公薨。	曹武公胜元年
十	十一　晋率我围齐。楚伐我。	十二　子产为卿。
十八	十九　武公薨。	燕文公元年
五	六	七

	前553	前552	前551
周	十九	二十	二十一
鲁	二十　日蚀。	二十一　公如晋。日再蚀。	二十二　孔子生。
齐	齐庄公元年	二	三　晋栾逞来奔，晏婴曰：“不如归之。”
晋	五	六　鲁襄公来。杀羊舌虎。	七　栾逞奔齐。
秦	二十四	二十五	二十六
楚	七	八	九
宋	二十三	二十四	二十五
卫	六	七	八
陈	十六	十七	十八
蔡	三十九	四十	四十一
曹	二	三	四
郑	十三	十四	十五
燕	二	三	四
吴	八	九	十

前550	前549	前548
二十二	二十三	二十四
二十三	二十四　侵齐。日再蚀。	二十五　齐伐我北鄙，以报孝伯之师。
四　欲遣栾逞入曲沃伐晋，取朝歌。	五　畏晋通楚，晏子谋。	六　晋伐我，报朝歌。崔杼以庄公通其妻，杀之，立其弟，为景公。
八	九	十　伐齐至高唐，报太行之役。
二十七	二十八	二十九　公如晋，盟不结。
十	十一　与齐通。率陈、蔡伐郑救齐。	十二　吴伐我，以报舟师之役。射杀吴王。
二十六	二十七	二十八
九　齐伐我。	十	十一
十九	二十　楚率我伐郑。	二十一　郑伐我。
四十二	四十三　楚率我伐郑。	四十四
五	六	七
十六	十七　范宣子为政。我请伐陈。	十八　伐陈，入陈。
五	六	燕懿公元年
十一	十二	十三　诸樊伐楚，迫巢门，伤射以薨。

	前547	前546	前545
	甲寅		
周	二十五	二十六	二十七
鲁	二十六	二十七　日蚀。	二十八　公如楚。葬康王。
齐	齐景公杵臼元年　如晋，请归卫献公。	二　庆封欲专，诛崔氏，杼自杀。	三　冬，鲍、高、栾氏谋庆封，发兵攻庆封，庆封奔吴。
晋	十一　诛卫殇公，复入献公。	十二	十三
秦	三十	三十一	三十二
楚	十三　率陈、蔡伐郑。	十四	十五　康王薨。
宋	二十九	三十	三十一
卫	十二　齐、晋杀殇公，复内献公。	卫献公衎后元年	二
陈	二十二　楚率我伐郑。	二十三	二十四
蔡	四十五	四十六	四十七
曹	八	九	十
郑	十九　楚率陈、蔡伐我。	二十	二十一
燕	二	三	四　懿公薨。
吴	吴馀祭元年	二	三　齐庆封来奔。

前544	前543
景王元年	二
二十九　吴季札来观周乐，尽知乐所为。	三十
四　吴季札来使，与晏婴欢。	五
十四　吴季札来，曰："晋政卒归韩、魏、赵。"	十五
三十三	三十四
楚熊郏敖元年	二
三十二	三十三
三	卫襄公恶元年
二十五	二十六
四十八	四十九　为太子取楚女，公通焉，太子杀公自立。
十一	十二
二十二　吴季札谓子产曰："政将归子，子以礼，幸脱于厄矣。"	二十三　诸公子争宠相杀，又欲杀子产，子皮止之。
燕惠公元年　齐高止来奔。	二
四　守门阍杀馀祭。季札使诸侯。	五

	前542	前541	前540
周	三	四	五
鲁	三十一　襄公薨。昭公年十九，有童心。	鲁昭公稠元年	二　公如晋，至河，晋谢还之。
齐	六	七	八　田无宇送女。
晋	十六	十七　秦后子来奔。	十八　齐田无宇来送女。
秦	三十五	三十六　公弟后子奔晋，车千乘。	三十七
楚	三　王季父围为令尹。	四　令尹围杀郏敖，自立为灵王。	楚灵王围元年　共王子，肘玉。
宋	三十四	三十五	三十六
卫	二	三	四
陈	二十七	二十八	二十九
蔡	蔡灵侯班元年	二	三
曹	十三	十四	十五
郑	二十四	二十五	二十六
燕	三	四	五
吴	六	七	八

前539	前538
六	七
三	四　称病不会楚。
九　晏婴使晋，见叔向，曰：“齐政归田氏。”叔向曰：“晋公室卑。”	十
十九	二十
三十八	三十九
二	三　夏，合诸侯宋地，盟。伐吴朱方，诛庆封。冬，报我，取三城。
三十七	三十八
五	六　称病不会楚。
三十	三十一
四	五
十六	十七　称病不会楚。
二十七　夏，如晋。冬，如楚。	二十八　子产曰：“三国不会。”
六　公欲杀公卿立幸臣，公卿诛幸臣，公恐，出奔齐。	七
九	十　楚诛庆封。

	前537	前536	前535	前534
	甲子			
周	八	九	十	十一
鲁	五	六	七　季武子卒。日蚀。	八　公如楚，楚留之。贺章华台。
齐	十一	十二　公如晋，请伐燕，入其君。	十三　入燕君。	十四
晋	二十一　秦后子归秦。	二十二　齐景公来，请伐燕，入其君。	二十三　入燕君。	二十四
秦	四十　公卒。后子自晋归。	秦哀公元年	二	三
楚	四　率诸侯伐吴。	五　伐吴，次乾谿。	六　执芋尹亡人入章华。	七　就章华台，内亡人实之。灭陈。
宋	三十九	四十	四十一	四十二
卫	七	八	九　夫人姜氏无子。	卫灵公元年
陈	三十二	三十三	三十四	三十五　弟招作乱，哀公自杀。
蔡	六	七	八	九
曹	十八	十九	二十	二十一
郑	二十九	三十	三十一	三十二
燕	八	九　齐伐我。	燕悼公元年 惠公归至卒。	二
吴	十一　楚率诸侯伐我。	十二　楚伐我，次乾谿。	十三	十四

前533	前532	前531
十二	十三	十四
九	十	十一
十五	十六	十七
二十五	二十六　春，有星出婺女。七月，公薨。	晋昭公夷元年
四	五	六
八　弟弃疾将兵定陈。	九	十　醉杀蔡侯，使弃疾围之。弃疾居之，为蔡侯。
四十三	四十四　平公薨。	宋元公佐元年
二	三	四
陈惠公吴元年　哀公孙也。楚来定我。	二	三
十	十一	十二　灵侯如楚，楚杀之，使弃疾居之，为蔡侯。
二十二	二十三	二十四
三十三	三十四	三十五
三	四	五
十五	十六	十七

	前530	前529	前528
周	十五	十六	十七
鲁	十二　朝晋至河，晋谢之归。	十三	十四
齐	十八　公如晋。	十九	二十
晋	二	三	四
秦	七	八	九
楚	十一　王伐徐以恐吴，次乾谿。民罢于役，怨王。	十二　弃疾作乱自立，灵王自杀。复陈、蔡。	楚平王居元年　共王子，抱玉。
宋	二	三	四
卫	五　公如晋，朝嗣君。	六	七
陈	四	五　楚平王复陈，立惠公。	六
蔡	蔡侯庐元年　景侯子。	二　楚平王复我，立景侯子庐。	三
曹	二十五	二十六	二十七
郑	三十六　公如晋。	郑定公宁元年	二
燕	六	七	燕共公元年
吴	吴馀眛元年	二	三

前527	前526	前525	前524
甲戌			
十八　后、太子卒。	十九	二十	二十一
十五　日蚀。公如晋，晋留之葬，公耻之。	十六	十七　五月朔，日蚀。彗星见辰。	十八
二十一	二十二	二十三	二十四
五	六　公卒。六卿强，公室卑矣。	晋顷公去疾元年	二
十	十一	十二	十三
二　王为太子取秦女，好，自取之。	三	四　与吴战。	五
五	六	七	八　火。
八	九	十	十一　火。
七	八	九	十　火。
四	五	六	七
曹平公须元年	二	三	四　平公薨。
三	四	五　火，欲禳之，子产曰：“不如修德。”	六　火。
二	三	四	五　共公薨。
四	吴僚元年	二　与楚战。	三

	前523	前522	前521
周	二十二	二十三	二十四
鲁	十九　地震。	二十　齐景公与晏子狩，入鲁问礼。	二十一　公如晋至河，晋谢之，归。日蚀。
齐	二十五	二十六　猎鲁界，因入鲁。	二十七
晋	三	四	五
秦	十四	十五	十六
楚	六	七　诛伍奢、尚，太子建奔宋，伍胥奔吴。	八　蔡侯来奔。
宋	九	十　公毋信。诈杀诸公子。楚太子建来奔，见乱，之郑。	十一
卫	十二	十三	十四
陈	十一	十二	十三
蔡	八	九　平侯薨。灵侯孙东国杀平侯子而自立。	蔡悼侯东国元年　奔楚。
曹	曹悼公午元年	二	三
郑	七	八　楚太子建从宋来奔。	九
燕	燕平公元年	二	三
吴	四	五　伍员来奔。	六

前520	前519	前518	前517
			甲申
二十五	敬王元年	二	三
二十二　日蚀。	二十三　地震。	二十四　鸜鹆来巢。	二十五　公欲诛季氏，三桓氏攻公，公出居郓。
二十八	二十九	三十	三十一
六　周室乱，公平乱，立敬王。	七	八	九
十七	十八	十九	二十
九	十　吴伐败我。	十一　吴卑梁人争桑，伐取我锺离。	十二
十二	十三	十四	十五
十五	十六	十七	十八
十四	十五　吴败我兵，取胡、沈。	十六	十七
二	三	蔡昭侯申元年　悼侯弟。	二
四	五	六	七
十	十一　楚建作乱，杀之。	十二　公如晋，请内王。	十三
四	五	六	七
七	八　公子光败楚。	九	十

	前516	前515	前514
周	四	五	六
鲁	二十六　齐取我郓以处公。	二十七	二十八　公如晋，求入，晋弗听，处之乾侯。
齐	三十二　彗星见。晏子曰："田氏有德于齐，可畏。"	三十三	三十四
晋	十　知栎、赵鞅内王于王城。	十一	十二　六卿诛公族，分其邑。各使其子为大夫。
秦	二十一	二十二	二十三
楚	十三　欲立子西，子西不肯。秦女子立，为昭王。	楚昭王珍元年　诛无忌以说众。	二
宋	宋景公头曼元年	二	三
卫	十九	二十	二十一
陈	十八	十九	二十
蔡	三	四	五
曹	八	九	曹襄公元年
郑	十四	十五	十六
燕	八	九	十
吴	十一	十二　公子光使专诸杀僚，自立。	吴阖闾元年

前513	前512	前511
七	八	九
二十九　公自乾侯如郓。齐侯曰“主君”，公耻之，复之乾侯。	三十	三十一　日蚀。
三十五	三十六	三十七
十三	十四　顷公薨。	晋定公午元年
二十四	二十五	二十六
三	四　吴三公子来奔，封以扞吴。	五　吴伐我六、潜。
四	五	六
二十二	二十三	二十四
二十一	二十二	二十三
六	七	八
二	三	四
郑献公虿元年	二	三
十一	十二	十三
二	三　三公子奔楚。	四　伐楚六、潜。

	前510	前509	前508
周	十　晋使诸侯为我筑城。	十一	十二
鲁	三十二　公卒乾侯。	鲁定公宋元年　昭公丧自乾侯至。	二
齐	三十八	三十九	四十
晋	二　率诸侯为周筑城。	三	四
秦	二十七	二十八	二十九
楚	六	七　囊瓦伐吴，败我豫章。蔡侯来朝。	八
宋	七	八	九
卫	二十五	二十六	二十七
陈	二十四	二十五	二十六
蔡	九	十　朝楚，以裘故留。	十一
曹	五　平公弟通杀襄公自立。	曹隐公元年	二
郑	四	五	六
燕	十四	十五	十六
吴	五	六　楚伐我，迎击，败之，取楚之居巢。	七

前507	前506	前505
甲午		
十三	十四　与晋率诸侯侵楚。	十五
三	四	五　阳虎执季桓子，与盟，释之。日蚀。
四十一	四十二	四十三
五	六　周与我率诸侯侵楚。	七
三十	三十一　楚包胥请救。	三十二
九　蔡昭侯留三岁，得裘，故归。	十　吴、蔡伐我，入郢，昭王亡。伍子胥鞭平王墓。	十一　秦救至，吴去，昭王复入。
十	十一	十二
二十八	二十九　与蔡争长。	三十
二十七	二十八	陈怀公柳元年
十二　与子常裘，得归，如晋，请伐楚。	十三　与卫争长。楚侵我，吴与我伐楚，入郢。	十四
三	四	曹靖公路元年
七	八	九
十七	十八	十九
八	九　与蔡伐楚，入郢。	十

	前504	前503	前502
周	十六　王子朝之徒作乱故，王奔晋。	十七　刘子迎王，晋入王。	十八
鲁	六	七　齐伐我。	八　阳虎欲伐三桓，三桓攻阳虎，虎奔阳关。
齐	四十四	四十五　侵卫。伐鲁。	四十六　鲁伐我。我伐鲁。
晋	八	九　入周敬王。	十　伐卫。
秦	三十三	三十四	三十五
楚	十二　吴伐我番，楚恐，徙都。	十三	十四　子西为民泣，民亦泣，蔡昭侯恐。
宋	十三	十四	十五
卫	三十一	三十二　齐侵我。	三十三　晋、鲁侵伐我。
陈	二	三	四　公如吴，吴留之，因死吴。
蔡	十五	十六	十七
曹	二	三	四　靖公薨。
郑	十　鲁侵我。	十一	十二
燕	燕简公元年	二	三
吴	十一　伐楚，取番。	十二	十三　陈怀公来，留之，死于吴。

前501	前500	前499
十九	二十	二十一
九　伐阳虎，虎奔齐。	十　公会齐侯于夹谷。孔子相。齐归我地。	十一
四十七　囚阳虎，虎奔晋。	四十八	四十九
十一　阳虎来奔。	十二	十三
三十六　哀公薨。	秦惠公元年　彗星见。	二　生躁公、怀公、简公。
十五	十六	十七
十六　阳虎来奔。	十七	十八
三十四	三十五	三十六
陈湣公越元年	二	三
十八	十九	二十
曹伯阳元年	二	三　国人有梦众君子立社宫，谋亡曹。振铎请待公孙彊，许之。
十三　献公薨。	郑声公胜元年　郑益弱。	二
四	五	六
十四	十五	十六

	前498	前497	前496
		甲辰	
周	二十二	二十三	二十四
鲁	十二　齐来归女乐，季桓子受之，孔子行。	十三	十四
齐	五十　遗鲁女乐。	五十一	五十二
晋	十四	十五　赵鞅伐范、中行。	十六
秦	三	四	五
楚	十八	十九	二十
宋	十九	二十	二十一
卫	三十七　伐曹。	三十八　孔子来，禄之如鲁。	三十九　太子蒯聩出奔。
陈	四	五	六　孔子来。
蔡	二十一	二十二	二十三
曹	四　卫伐我。	五	六　公孙彊好射，献雁，君使为司城，梦者子行。
郑	三	四	五　子产卒。
燕	七	八	九
吴	十七	十八	十九　伐越，败我，伤阖闾指，以死。

前495	前494	前493
二十五	二十六	二十七
十五　定公薨。日蚀。	鲁哀公将元年	二
五十三	五十四　伐晋。	五十五　输范、中行氏粟。
十七	十八　赵鞅围范、中行朝歌。齐、卫伐我。	十九　赵鞅围范、中行，郑来救，我败之。
六	七	八
二十一　灭胡。以吴败我，倍之。	二十二　率诸侯围蔡。	二十三
二十二　郑伐我。	二十三	二十四
四十	四十一　伐晋。	四十二　灵公薨。蒯聩子辄立。晋纳太子蒯聩于戚。
七	八　吴伐我。	九
二十四	二十五　楚伐我，以吴怨故。	二十六　畏楚，私召吴人，乞迁于州来，州来近吴。
七	八	九
六　伐宋。	七	八　救范、中行氏，与赵鞅战于铁，败我师。
十	十一	十二
吴王夫差元年	二　伐越。	三

	前492	前491	前490
周	二十八	二十九	三十
鲁	三　地震。	四	五
齐	五十六	五十七　乞救范氏。	五十八　景公薨。立嬖姬子为太子。
晋	二十	二十一　赵鞅拔邯郸、柏人，有之。	二十二　赵鞅败范、中行，中行奔齐。伐卫。
秦	九	十　惠公薨。	秦悼公元年
楚	二十四	二十五	二十六
宋	二十五　孔子过宋，桓魋恶之。	二十六	二十七
卫	卫出公辄元年	二	三　晋伐我，救范氏故。
陈	十	十一	十二
蔡	二十七	二十八　大夫共诛昭侯。	蔡成侯朔元年
曹	十　宋伐我。	十一	十二
郑	九	十	十一
燕	燕献公元年	二	三
吴	四	五	六

前489	前488	前487
		甲寅
三十一	三十二	三十三
六	七　公会吴王于缯。吴征百牢，季康子使子贡谢之。	八　吴为邾伐我，至城下，盟而去。齐取我三邑。
齐晏孺子元年　田乞诈立阳生，杀孺子。	齐悼公阳生元年	二　伐鲁，取三邑。
二十三	二十四　侵卫。	二十五
二	三	四
二十七　救陈，王死城父。	楚惠王章元年	二　子西召建子胜于吴，为白公。
二十八　伐曹。	二十九　侵郑，围曹。	三十　曹倍我，我灭之。
四	五　晋侵我。	六
十三　吴伐我，楚来救。	十四	十五
二	三	四
十三　宋伐我。	十四　宋围我，郑救我。	十五　宋灭曹，虏伯阳。
十二	十三	十四
四	五	六
七　伐陈。	八　鲁会我缯。	九　伐鲁。

	前486	前485
周	三十四	三十五
鲁	九	十　与吴伐齐。
齐	三	四　吴、鲁伐我。鲍子杀悼公，齐人立其子壬为简公。
晋	二十六	二十七　使赵鞅伐齐。
秦	五	六
楚	三　伐陈，陈与吴故。	四　伐陈。
宋	三十一　郑围我，败之于雍丘。	三十二　伐郑。
卫	七	八　孔子自陈来。
陈	十六　倍楚，与吴成。	十七
蔡	五	六
曹		
郑	十五　围宋，败我师雍丘，伐我。	十六
燕	七	八
吴	十	十一　与鲁伐齐，救陈。诛五员。

前484	前483
三十六	三十七
十一　齐伐我。冉有言，故迎孔子，孔子归。	十二　与吴会橐皋。用田赋。
齐简公元年　鲁与吴败我。	二
二十八	二十九
七	八
五	六　白公胜数请子西伐郑，以父怨故。
三十三	三十四
九　孔子归鲁。	十　公如晋，与吴会橐皋。
十八	十九
七	八
十七	十八　宋伐我。
九	十
十二　与鲁败齐。	十三　与鲁会橐皋。

	前482	前481
周	三十八	三十九
鲁	十三　与吴会黄池。	十四　西狩获麟。卫出公来奔。
齐	三	四　田常杀简公，立其弟骜，为平公。常相之，专国权。
晋	三十　与吴会黄池，争长。	三十一
秦	九	十
楚	七　伐陈。	八
宋	三十五　郑败我师。	三十六
卫	十一	十二　父蒯聩入，辄出亡。
陈	二十	二十一
蔡	九	十
曹		
郑	十九　败宋师。	二十
燕	十一	十二
吴	十四　与晋会黄池。	十五

前480	前479
四十	四十一
十五　子服景伯使齐，子贡为介，齐归我侵地。	十六　孔子卒。
齐平公骜元年　景公孙也。齐自是称田氏。	二
三十二	三十三
十一	十二
九	十　白公胜杀令尹子西，攻惠王。叶公攻白公，白公自杀。惠王复国。
三十七　荧惑守心，子韦曰“善”。	三十八
卫庄公蒯聩元年	二
二十二	二十三　楚灭陈，杀湣公。
十一	十二
二十一	二十二
十三	十四
十六	十七

	前478	前477
		甲子
周	四十二	四十三　敬王崩。
鲁	十七	十八　二十七卒。
齐	三	四　二十五卒。
晋	三十四	三十五　三十七卒。
秦	十三	十四　卒，子厉共公立。
楚	十一	十二　五十七卒。
宋	三十九	四十　六十四卒。
卫	三　庄公辱戎州人，戎州人与赵简子攻庄公，出奔。	卫君起元年　石傅逐起。出，辄复入。
陈		
蔡	十三	十四　十九卒。
曹		
郑	二十三	二十四　三十八卒。
燕	十五	十六　二十八卒。
吴	十八　越败我。	十九　二十三卒。

史记卷十五
表第三

六国年表

太史公读《秦记》，读到犬戎击败幽王，周王室向东迁徙到洛邑，秦襄公开始被封为诸侯，修筑西畤来供奉上帝，僭越的端倪就显露出来了。《礼》说："天子祭祀天地，诸侯祭祀他领地内的名山大川。"现在秦国混杂着戎狄的风俗，把暴戾放在前面，把仁爱礼义放在后面，地位处于藩臣之列，却在郊外使用祭天的礼仪，君子对此感到恐惧。等到秦文公越过陇山，攘除夷狄，建立神祠尊奉陈宝，在岐山、雍山之间经营发展，之后秦穆公修明政事，东边国境到达黄河，秦穆公就可以与齐桓公、晋文公等中原霸主比肩了。此后，诸侯国的卿大夫执掌政权，大夫世代相袭爵禄，六卿专擅晋国政权，征伐结盟，权威比诸侯还大。到田常杀了齐简公而担任齐国相国时，诸侯还安然不去讨伐，四海之内各国便都争相开战了。韩、赵、魏三国最终瓜分了晋国，田和也占有了齐国，六国的强盛自此开始。各国都致力于强化兵力兼并敌国，权谋诈术被广泛使用，而

太史公读《秦记》，至犬戎败幽王，周东徙洛邑，秦襄公始封为诸侯，作西畤用事上帝，僭端见矣。《礼》曰："天子祭天地，诸侯祭其域内名山大川。"今秦杂戎翟之俗，先暴戾，后仁义，位在藩臣而胪于郊祀，君子惧焉。及文公逾陇，攘夷狄，尊陈宝，营岐雍之间，而穆公修政，东竟至河，则与齐桓、晋文中国侯伯侔矣。是后陪臣执政，大夫世禄，六卿擅晋权，征伐会盟，威重于诸侯。及田常杀简公而相齐国，诸侯晏然弗讨，海内争于战功矣。三国终之卒分晋，田和亦灭齐而有之，六国之盛自此始。务在强兵并敌，谋诈用而从衡短长之说起。矫称蜂出，誓盟不信，虽置质剖符犹不能约束也。秦始小国僻远，诸夏宾之，

比于戎翟，至献公之后常雄诸侯。论秦之德义不如鲁卫之暴戾者，量秦之兵不如三晋之强也，然卒并天下，非必险固便、形势利也，盖若天所助焉。

纵横家之说就此兴起。假传王命的事件层出不穷，各国不信守誓言盟约，即使安置人质剖符为契也不能约束他们。秦起初是个偏僻边远的小国，中原诸侯国都排斥它，把它比作戎狄。到秦献公之后秦国常在诸侯中称雄。说起来道德信义，秦国还不如鲁国、卫国的那些暴戾之人；衡量一下，秦国的兵力也不如韩、赵、魏三国的强大。然而秦国最终兼并天下，并非一定是依靠了险固便利的地形，也许是有上天的帮助吧。

或曰“东方物所始生，西方物之成孰”。夫作事者必于东南，收功实者常于西北。故禹兴于西羌，汤起于亳，周之王也以丰镐伐殷，秦之帝用雍州兴，汉之兴自蜀汉。

有人说“东方是事物初始生成的地方，西方是事物发展成熟的地方”。起事者一定在东南方，收获功劳者却常常在西北方。所以禹兴起于西羌，汤兴起于亳地，周朝称王也是凭借丰镐讨伐殷商的，秦国称帝是在雍州兴起的，汉朝的兴起则自蜀汉开始。

秦既得意，烧天下《诗》《书》，诸侯史记尤甚，为其有所刺讥也。《诗》《书》所以复见者，多藏人家，而史记独藏周室，以故灭。惜哉！惜哉！独有《秦记》，又不载日月，其文略不具。然战国之权变亦有可颇采者，何必上古？秦取天下多暴，然世异变，成功大。传曰“法后王”，何也？以其

秦国既已得遂统一之志，焚烧天下的《诗》《书》，诸侯国的史记被毁尤为严重，因为这些书中有讽刺国政的内容。《诗》《书》之所以再次出现，是因为它们有很多被藏于人家，而史记唯独藏在周室，所以被毁灭。可惜啊，可惜啊！唯独剩有《秦记》，却又不记载日月，它的文辞也简略不详细。然而战国时的政权更迭之变也很有值得采拾的地方，何必只记上古呢？秦国取得天下多靠暴力，然而它随世事变化

而改变，所以取得了成功。有文献说“效法后王”，为什么呢？因为时代接近自己而世俗变化相类似，议论平易浅显而容易遵行。学者们局限于自己的旧闻，见秦在帝位的时间短，不考究秦国兴起覆灭的原委，因而全都讥笑它，不敢称道，这与用耳朵吃饭没有差别。可悲啊！

近己而俗变相类，议卑而易行也。学者牵于所闻，见秦在帝位日浅，不察其终始，因举而笑之，不敢道，此与以耳食无异。悲夫！

于是我依照《秦记》，接续《春秋》，从周元王开始，用年表编列六国时事，截至秦二世，共二百七十年，著述诸多所听到的有关盛衰的因素，使后世的君子得以阅览。

余于是因《秦记》，踵《春秋》之后，起周元王，表六国时事，讫二世，凡二百七十年，著诸所闻兴坏之端。后有君子，以览观焉。

	前476	前475	前474	前473	前472
周	周元王元年	二	三	四	五
秦	秦厉共公元年	二　蜀人来赂。	三	四	五　楚人来赂。
魏	魏献子　卫出公辄后元年。	晋定公卒。	晋出公错元年。		
韩	韩宣子				
赵	赵简子四十二	四十三	四十四	四十五	四十六
楚	楚惠王章十三年 吴伐我。	十四　越围吴，吴恐。	十五	十六　越灭吴。	十七　蔡景侯卒。
燕	燕献公十七年	十八	十九	二十	二十一
齐	齐平公骜五年	六	七　越人始来。	八	九　晋知伯瑶来伐我。

前471	前470	前469	前468	前467
六	七	八	定王元年	二
六　义渠来赂。绵诸乞援。	七　彗星见。	八	九	十　庶长将兵拔魏城。彗星见。
	卫出公饮，大夫不解袜，公怒，即攻公，公奔宋。			
四十七	四十八	四十九	五十	五十一
十八　蔡声侯元年。	十九　王子英奔秦。	二十	二十一	二十二　鲁哀公卒。
二十二	二十三	二十四	二十五	二十六
十	十一	十二	十三	十四

	前466	前465	前464	前463	前462
周	三	四	五	六	七
秦	十一	十二	十三	十四　晋人、楚人来赂。	十五
魏					
韩			知伯伐郑，驷桓子如齐求救。	郑声公卒。	郑哀公元年
赵	五十二	五十三	五十四　知伯谓简子，欲废太子襄子，襄子怨知伯。	五十五	五十六
楚	二十三　鲁悼公元年。三桓胜，鲁如小侯。	二十四	二十五	二十六	二十七
燕	二十七	二十八	燕孝公元年	二	三
齐	十五	十六	十七　救郑，晋师去。中行文子谓田常："乃今知所以亡。"	十八	十九

前461	前460	前459	前458	前457
八	九	十	十一	十二
十六　堑河旁。伐大荔。补庞戏城。	十七	十八	十九	二十　公将师与绵诸战。
五十七	五十八	五十九	六十	襄子元年　未除服，登夏屋，诱代王，以金斗杀代王。封伯鲁子周为代成君。
二十八	二十九	三十	三十一	三十二　蔡声侯卒。
四	五	六	七	八
二十	二十一	二十二	二十三	二十四

	前456	前455	前454	前453	前452
周	十三	十四	十五	十六	十七
秦	二十一	二十二	二十三	二十四	二十五　晋大夫智开率其邑来奔。
魏	晋哀公忌元年。	卫悼公黔元年。		魏桓子败智伯于晋阳。	
韩				韩康子败智伯于晋阳。	
赵	二	三	四　与智伯分范、中行地。	五　襄子败智伯晋阳，与魏、韩三分其地。	六
楚	三十三　蔡元侯元年。	三十四	三十五	三十六	三十七
燕	九	十	十一	十二	十三
齐	二十五	齐宣公就匜元年	二	三	四

前451	前450	前449	前448	前447
十八	十九	二十	二十一	二十二
二十六　左庶长城南郑。	二十七	二十八　越人来迎女。	二十九　晋大夫智宽率其邑人来奔。	三十
	卫敬公元年。			
七	八	九	十	十一
三十八	三十九　蔡侯齐元年。	四十	四十一	四十二　楚灭蔡。
十四	十五	燕成公元年	二	三
五　宋景公卒。	六　宋昭公元年。	七	八	九

	前446	前445	前444	前443	前442
周	二十三	二十四	二十五	二十六	二十七
秦	三十一	三十二	三十三　伐义渠，虏其王。	三十四　日蚀，昼晦。星见。	秦躁公元年
魏					
韩					
赵	十二	十三	十四	十五	十六
楚	四十三	四十四　灭杞。杞，夏之后。	四十五	四十六	四十七
燕	四	五	六	七	八
齐	十	十一	十二	十三	十四

前441	前440	前439	前438	前437
二十八	考王元年	二	三	四
二　南郑反。	三	四	五	六
				晋幽公柳元年。服韩、魏。
十七	十八	十九	二十	二十一
四十八	四十九	五十	五十一	五十二
九	十	十一	十二	十三
十五	十六	十七	十八	十九

	前436	前435	前434	前433	前432
周	五	六	七	八	九
秦	七	八　六月，雨雪。日、月蚀。	九	十	十一
魏					
韩					
赵	二十二	二十三	二十四	二十五	二十六
楚	五十三	五十四	五十五	五十六	五十七
燕	十四	十五	十六	燕湣公元年	二
齐	二十	二十一	二十二	二十三	二十四

前431	前430	前429	前428	前427
十	十一	十二	十三	十四
十二	十三　义渠伐秦，侵至渭阳。	十四	秦怀公元年　生灵公。	二
卫昭公元年。				
二十七	二十八	二十九	三十	三十一
楚简王仲元年　灭莒。	二	三　鲁悼公卒。	四　鲁元公元年。	五
三	四	五	六	七
二十五	二十六	二十七	二十八	二十九

	前426	前425	前424	前423	前422
周	十五	威烈王元年	二	三	四
秦	三	四　庶长晁杀怀公。太子蚤死，大臣立太子之子，为灵公。	秦灵公元年生献公。	二	三　作上、下畤。
魏		卫悼公亹元年。	魏文侯斯元年	二	三
韩			韩武子元年	二　郑幽公元年。韩杀之。	三　郑立幽公子，为缧公，元年。
赵	三十二	三十三　襄子卒。	赵桓子元年	赵献侯元年	二
楚	六	七	八	九	十
燕	八	九	十	十一	十二
齐	三十	三十一	三十二	三十三	三十四

前421	前420	前419	前418	前417
五	六	七	八	九
四	五	六	七　与魏战少梁。	八　城堑河濒。初以君主妻河。
四	五　魏诛晋幽公，立其弟止。	六　晋烈公止元年。魏城少梁。	七	八　复城少梁。
四	五	六	七	八
三	四	五	六	七
十一	十二	十三	十四	十五
十三	十四	十五	十六	十七
三十五	三十六	三十七	三十八	三十九

	前416	前415	前414	前413	前412
周	十	十一	十二	十三	十四
秦	九	十　补庞，城籍姑。灵公卒，立其季父悼子，是为简公。	秦简公元年	二　与晋战，败郑下。	三
魏	九	十	十一　卫慎公元年。	十二	十三　公子击围繁、庞，出其民。
韩	九	十	十一	十二	十三
赵	八	九	十　中山武公初立。	十一	十二
楚	十六	十七	十八	十九	二十
燕	十八	十九	二十	二十一	二十二
齐	四十	四十一	四十二	四十三　伐晋，败黄城，围阳狐。	四十四　伐鲁、莒及安阳。

前411	前410	前409	前408	前407
十五	十六	十七	十八	十九
四	五　日蚀。	六　初令吏带剑。	七　堑洛，城重泉。初租禾。	八
十四	十五	十六　伐秦，筑临晋、元里。	十七　击守中山。伐秦，至郑还，筑洛阴、合阳。	十八　文侯受经子夏。过段干木之闾常式。
十四	十五	十六	韩景侯虔元年　伐郑，取雍丘。郑城京。	二　郑败韩于负黍。
十三　城平邑。	十四	十五	赵烈侯籍元年　魏使太子伐中山。	二
二十一	二十二	二十三	二十四　简王卒。	楚声王当元年 鲁穆公元年。
二十三	二十四	二十五	二十六	二十七
四十五　伐鲁，取都。	四十六	四十七	四十八　取鲁郕。	四十九　与郑会于西城。伐卫，取毌。

	前406	前405	前404	前403	前402
周	二十	二十一	二十二	二十三　九鼎震。	二十四
秦	九	十	十一	十二	十三
魏	十九	二十　卜相李克，翟璜争。	二十一	二十二　初为侯。	二十三
韩	三	四	五	六　初为侯。	七
赵	三	四	五	六　初为侯。	七　烈侯好音，欲赐歌者田，徐越侍以仁义，乃止。
楚	二	三	四	五　魏、韩、赵始列为诸侯。	六　盗杀声王。
燕	二十八	二十九	三十	三十一	燕釐公元年
齐	五十	五十一　田会以廪丘反。	齐康公贷元年	二　宋悼公元年。	三

前401	前400	前399	前398	前397
安王元年	二	三　王子定奔晋。	四	五
十四　伐魏，至阳狐。	十五	秦惠公元年	二	三　日蚀。
二十四　秦伐我，至阳狐。	二十五　太子罃生。	二十六　虢山崩，壅河。	二十七	二十八
八	九　郑围阳翟。	韩烈侯元年	二　郑杀其相驷子阳。	三　三月，盗杀韩相侠累。
八	九	赵武公元年	二	三
楚悼王类元年	二　三晋来伐我，至乘丘。	三　归榆关于郑。	四　败郑师，围郑。郑人杀子阳。	五
二	三	四	五	六
四	五	六	七	八

	前396	前395	前394	前393	前392
周	六	七	八	九	十
秦	四	五　伐绵诸。	六	七	八
魏	二十九	三十	三十一	三十二　伐郑，城酸枣。	三十三　晋孝公倾元年。
韩	四　郑相子阳之徒杀其君繻公。	五　郑康公元年。	六　救鲁。郑负黍反。	七	八
赵	四	五	六	七	八
楚	六	七	八	九　伐韩，取负黍。	十
燕	七	八	九	十	十一
齐	九	十　宋休公元年。	十一　伐鲁，取最。	十二	十三

前391	前390	前389	前388	前387
十一	十二	十三	十四	十五
九　伐韩宜阳，取六邑。	十　与晋战武城。县陕。	十一　太子生。	十二	十三　蜀取我南郑。
三十四	三十五　齐伐取襄陵。	三十六　秦侵阴晋。	三十七	三十八
九　秦伐宜阳，取六邑。	十	十一	十二	十三
九	十	十一	十二	十三
十一	十二	十三	十四	十五
十二	十三	十四	十五	十六
十四	十五　鲁败我平陆。	十六　与晋、卫会浊泽。	十七	十八

	前386	前385	前384	前383	前382
周	十六	十七	十八	十九	二十
秦	秦出公元年	二　庶长改迎灵公太子，立为献公。诛出公。	秦献公元年	二　城栎阳。	三　日蚀，昼晦。
魏	魏武侯元年　袭邯郸，败焉。	二　城安邑、王垣。	三	四	五
韩	韩文侯元年	二　伐郑，取阳城。伐宋，到彭城，执宋君。	三	四	五
赵	赵敬侯元年　武公子朝作乱，奔魏。	二	三	四　魏败我兔台。	五
楚	十六	十七	十八	十九	二十
燕	十七	十八	十九	二十	二十一
齐	十九　田常曾孙田和始列为诸侯。迁康公海上，食一城。	二十　伐鲁，破之。田和卒。	二十一　田和子桓公午立。	二十二	二十三

前381	前380	前379	前378	前377
二十一	二十二	二十三	二十四	二十五
四　孝公生。	五	六　初县蒲、蓝田、善明氏。	七	八
六	七　伐齐，至桑丘。	八	九　翟败我浍。伐齐，至灵丘。	十　晋静公俱酒元年。
六	七　伐齐，至桑丘。郑败晋。	八	九　伐齐，至灵丘。	十
六	七　伐齐，至桑丘。	八　袭卫，不克。	九　伐齐，至灵丘。	十
二十一	楚肃王臧元年	二	三	四　蜀伐我兹方。
二十二	二十三	二十四	二十五	二十六
二十四	二十五　伐燕，取桑丘。	二十六　康公卒，田氏遂并齐而有之。太公望之后绝祀。	齐威王因齐元年　自田常至威王，威王始以齐强天下。	二

	前376	前375	前374	前373	前372
周	二十六	烈王元年	二	三	四
秦	九	十　日蚀。	十一　县栎阳。	十二	十三
魏	十一　魏、韩、赵灭晋，绝无后。	十二	十三	十四	十五　卫声公元年。败赵北蔺。
韩	韩哀侯元年　分晋国。	二　灭郑。康公二十年灭，无后。	三	四	五
赵	十一　分晋国。	十二	赵成侯元年	二	三　伐卫，取都鄙七十三。魏败我蔺。
楚	五　鲁共公元年。	六	七	八	九
燕	二十七	二十八	二十九	三十　败齐林孤。	燕桓公元年
齐	三　三晋灭其君。	四	五	六　鲁伐入阳关。晋伐到鳟陵。	七　宋辟公元年。

前371	前370	前369	前368	前367
五	六	七	显王元年	二
十四	十五	十六　民大疫。日蚀。	十七　栎阳雨金，四月至八月。	十八
十六　伐楚，取鲁阳。	惠王元年	二　败韩马陵。	三　齐伐我观。	四
六　韩严杀其君。	庄侯元年	二　魏败我马陵。	三	四
四	五　伐齐于甄。魏败我怀。	六　败魏涿泽，围惠王。	七　侵齐，至长城。	八
十　魏取我鲁阳。	十一	楚宣王良夫元年	二	三
二	三	四	五	六
八	九　赵伐我甄。	十　宋剔成元年。	十一　伐魏，取观。赵侵我长城。	十二

	前366	前365	前364	前363	前362
周	三	四	五　贺秦。	六	七
秦	十九　败韩、魏洛阴。	二十	二十一　章蟜与晋战石门，斩首六万，天子贺。	二十二	二十三　与魏战少梁，虏其太子。
魏	五　与韩会宅阳。城武都。	六　伐宋，取仪台。	七	八	九　与秦战少梁，虏我太子。
韩	五	六	七	八	九　魏败我于浍。大雨三月。
赵	九	十	十一	十二	十三　魏败我于浍。
楚	四	五	六	七	八
燕	七	八	九	十	十一
齐	十三	十四	十五	十六	十七

前361	前360	前359	前358	前357
八	九　致胙于秦。	十	十一	十二
秦孝公元年　彗星见西方。	二　天子致胙。	三	四	五
十　取赵皮牢。卫成侯元年。	十一	十二　星昼堕，有声。	十三	十四　与赵会鄗。
十	十一	十二	韩昭侯元年　秦败我西山。	二　宋取我黄池。魏取我朱。
十四	十五	十六	十七	十八　赵孟如齐。
九	十	十一	十二	十三　君尹黑迎女秦。
燕文公元年	二	三	四	五
十八	十九	二十	二十一　邹忌以鼓琴见威王。	二十二　封邹忌为成侯。

	前356	前355	前354	前353	前352
周	十三	十四	十五	十六	十七
秦	六	七　与魏王会杜平。	八　与魏战元里，斩首七千，取少梁。	九	十　卫公孙鞅为大良造，伐安邑，降之。
魏	十五　鲁、卫、宋、郑侯来。	十六　与秦孝公会杜平。侵宋黄池，宋复取之。	十七　与秦战元里，秦取我少梁。	十八　邯郸降。齐败我桂陵。	十九　诸侯围我襄陵。筑长城，塞固阳。
韩	三	四	五	六　伐东周，取陵观、廪丘。	七
赵	十九　与燕会阿。与齐、宋会平陆。	二十	二十一　魏围我邯郸。	二十二　魏拔邯郸。	二十三
楚	十四	十五	十六	十七	十八　鲁康公元年。
燕	六	七	八	九	十
齐	二十三　与赵会平陆。	二十四　与魏会田于郊。	二十五	二十六　败魏桂陵。	二十七

前351	前350	前349	前348	前347
十八	十九	二十	二十一	二十二
十一　城商塞。卫鞅围固阳，降之。	十二　初聚小邑为三十一县，令。为田开阡陌。	十三　初为县，有秩史。	十四　初为赋。	十五
二十　归赵邯郸。	二十一　与秦遇彤。	二十二	二十三	二十四
八　申不害相。	九	十　韩姬弑其君悼公。	十一　昭侯如秦。	十二
二十四　魏归邯郸，与魏盟漳水上。	二十五	赵肃侯元年	二	三　公子范袭邯郸，不胜，死。
十九	二十	二十一	二十二	二十三
十一	十二	十三	十四	十五
二十八	二十九	三十	三十一	三十二

	前346	前345	前344	前343	前342
周	二十三	二十四	二十五　诸侯会。	二十六　致伯秦。	二十七
秦	十六	十七	十八	十九　城武城。从东方牡丘来归。天子致伯。	二十　诸侯毕贺。会诸侯于泽。朝天子。
魏	二十五	二十六	二十七　丹封名会。丹，魏大臣。	二十八	二十九　中山君为相。
韩	十三	十四	十五	十六	十七
赵	四	五	六	七	八
楚	二十四	二十五	二十六	二十七　鲁景公偃元年。	二十八
燕	十六	十七	十八	十九	二十
齐	三十三　杀其大夫牟辛。	三十四	三十五　田忌袭齐，不胜。	三十六	齐宣王辟彊元年

前341	前340	前339	前338	前337
二十八	二十九	三十	三十一	三十二
二十一　马生人。	二十二　封大良造商鞅。	二十三　与晋战岸门。	二十四　大荔围合阳。孝公薨。商君反，死彤地。	秦惠文王元年　楚、韩、赵、蜀人来。
三十　齐虏我太子申，杀将军庞涓。	三十一　秦商君伐我，虏我公子卬。	三十二　公子赫为太子。	三十三　卫鞅亡归我，我恐，弗内。	三十四
十八	十九	二十	二十一	二十二　申不害卒。
九	十	十一	十二	十三
二十九	三十	楚威王熊商元年	二	三
二十一	二十二	二十三	二十四	二十五
二　败魏马陵。田忌、田婴、田朌将，孙子为师。	三　与赵会，伐魏。	四	五	六

	前336	前335	前334	前333	前332
周	三十三　贺秦。	三十四	三十五	三十六	三十七
秦	二　天子贺。行钱。宋太丘社亡。	三　王冠。拔韩宜阳。	四　天子致文武胙。魏夫人来。	五　阴晋人犀首为大良造。	六　魏以阴晋为和，命曰宁秦。
魏	三十五　孟子来，王问利国，对曰："君不可言利。"	三十六	魏襄王元年　与诸侯会徐州，以相王。	二　秦败我彫阴。	三　伐赵。卫平侯元年。
韩	二十三	二十四　秦拔我宜阳。	二十五　旱。作高门，屈宜臼曰："昭侯不出此门。"	二十六　高门成，昭侯卒，不出此门。	韩宣惠王元年
赵	十四	十五	十六	十七	十八　齐、魏伐我，我决河水浸之。
楚	四	五	六	七　围齐于徐州。	八
燕	二十六	二十七	二十八　苏秦说燕。	二十九	燕易王元年
齐	七　与魏会平阿南。	八　与魏会于甄。	九　与魏会徐州，诸侯相王。	十　楚围我徐州。	十一　与魏伐赵。

前331	前330	前329	前328	前327
三十八	三十九	四十	四十一	四十二
七　义渠内乱，庶长操将兵定之。	八　魏入少梁河西地于秦。	九　度河，取汾阴、皮氏。围焦，降之。与魏会应。	十　张仪相。公子桑围蒲阳，降之。魏纳上郡。	十一　义渠君为臣。归魏焦、曲沃。
四	五　与秦河西地少梁。秦围我焦、曲沃。	六　与秦会应。秦取汾阴、皮氏。	七　入上郡于秦。	八　秦归我焦、曲沃。
二	三	四	五	六
十九	二十	二十一	二十二	二十三
九	十	十一　魏败我陉山。	楚怀王槐元年	二
二	三	四	五	六
十二	十三	十四	十五　宋君偃元年。	十六

	前326	前325	前324	前323	前322
周	四十三	四十四	四十五	四十六	四十七
秦	十二　初腊。会龙门。	十三　四月戊午，君为王。	相张仪将兵取陕。初更元年。	二　相张仪与齐楚会啮桑。	三　张仪免相，相魏。
魏	九	十	十一　卫嗣君元年。	十二	十三　秦取曲沃。平周女化为丈夫。
韩	七	八　魏败我韩举。	九	十　君为王。	十一
赵	二十四	赵武灵王元年　魏败我赵护。	二　城鄗。	三	四　与韩会区鼠。
楚	三	四	五	六　败魏襄陵。	七
燕	七	八	九	十　君为王。	十一
齐	十七	十八	十九	齐湣王地元年	二

前321	前320	前319	前318	前317
四十八	慎靓王元年	二	三	四
四	五　王北游戎地，至河上。	六	七　五国共击秦，不胜而还。	八　与韩、赵战，斩首八万。张仪复相。
十四	十五	十六	魏哀王元年　击秦不胜。	二　齐败我观泽。
十二	十三	十四　秦来击我，取鄢。	十五　击秦不胜。	十六　秦败我修鱼，得韩将军申差。
五　取韩女为夫人。	六	七	八　击秦不胜。	九　与韩、魏击秦。齐败我观泽。
八	九	十　城广陵。	十一　击秦不胜。	十二
十二	燕王哙元年	二	三　击秦不胜。	四
三　封田婴于薛。	四　迎妇于秦。	五	六　宋自立为王。	七　败魏、赵观泽。

	前316	前315	前314	前313	前312
周	五	六	周赧王元年	二	三
秦	九　击蜀，灭之。取赵中都、西阳、安邑。	十	十一　侵义渠，得二十五城。	十二　樗里子击蔺阳，虏赵将。公子繇通封蜀。	十三　庶长章击楚，斩首八万。
魏	三	四	五　秦拔我曲沃，归其人。走犀首岸门。	六　秦来立公子政为太子。与秦王会临晋。	七　击齐，虏声子于濮。与秦击燕。
韩	十七	十八	十九	二十	二十一　秦助我攻楚，围景座。
赵	十　秦取我中都、西阳、安邑。	十一　秦败我将军英。	十二	十三　秦拔我蔺，虏将赵庄。	十四
楚	十三	十四	十五　鲁平公元年。	十六　张仪来相。	十七　秦败我将屈匄。
燕	五　君让其臣子之国，顾为臣。	六	七　君哙及太子、相子之皆死。	八	九　燕人共立公子平。
齐	八	九	十	十一	十二

前311	前310	前309	前308	前307
四	五	六	七	八
十四　蜀相杀蜀侯。	秦武王元年　诛蜀相壮。张仪、魏章皆出之魏。	二　初置丞相，樗里子、甘茂为丞相。	三	四　拔宜阳城，斩首六万。涉河，城武遂。
八　围卫。	九　与秦会临晋。	十　张仪死。	十一　与秦会应。	十二　太子往朝秦。
韩襄王元年	二	三	四　与秦会临晋。秦击我宜阳。	五　秦拔我宜阳，斩首六万。
十五	十六　吴广入女，生子何，立为惠王后。	十七	十八	十九　初胡服。
十八	十九	二十	二十一	二十二
燕昭王元年	二	三	四	五
十三	十四	十五	十六	十七

	前306	前305	前304	前303	前302
周	九	十	十一	十二	十三
秦	秦昭襄王元年	二　彗星见。桑君为乱，诛。	三	四　彗星见。	五　魏王来朝。
魏	十三　秦击皮氏，未拔而解。	十四　秦武王后来归。	十五	十六　秦拔我蒲坂、晋阳、封陵。	十七　与秦会临晋，复归我蒲坂。
韩	六　秦复与我武遂。	七	八	九　秦取武遂。	十　太子婴与秦王会临晋，因至咸阳而归。
赵	二十	二十一	二十二	二十三	二十四
楚	二十三	二十四　秦来迎妇。	二十五　与秦王会黄棘，秦复归我上庸。	二十六　太子质秦。	二十七
燕	六	七	八	九	十
齐	十八	十九	二十	二十一	二十二

前301	前300	前299	前298	前297
十四	十五	十六	十七	十八
六　蜀反，司马错往诛蜀守辉，定蜀。日蚀，昼晦。伐楚。	七　樗里疾卒。击楚，斩首三万。魏冉为相。	八　楚王来，因留之。	九	十　楚怀王亡之赵，赵弗内。
十八　与秦击楚。	十九	二十　与齐王会于韩。	二十一　与齐、韩共击秦于函谷。河、渭绝一日。	二十二
十一　秦取我穰。与秦击楚。	十二	十三　齐、魏王来。立咎为太子。	十四　与齐、魏共击秦。	十五
二十五　赵攻中山。惠后卒。	二十六	二十七	赵惠文王元年　以公子胜为相，封平原君。	二　楚怀王亡来，弗内。
二十八　秦、韩、魏、齐败我将军唐昧于重丘。	二十九　秦取我襄城，杀景缺。	三十　王入秦。秦取我八城。	楚顷襄王元年　秦取我十六城。	二
十一	十二	十三	十四	十五
二十三　与秦击楚，使公子将，大有功。	二十四　秦使泾阳君来为质。	二十五　泾阳君复归秦。薛文入相秦。	二十六　与魏、韩共击秦。孟尝君归相齐。	二十七

	前296	前295	前294	前293	前292
周	十九	二十	二十一	二十二	二十三
秦	十一　彗星见。复与魏封陵。	十二　楼缓免。穰侯魏冉为丞相。	十三　任鄙为汉中守。	十四　白起击伊阙，斩首二十四万。	十五　魏冉免相。
魏	二十三	魏昭王元年　秦尉错来击我襄城。	二　与秦战，我不利。	三　佐韩击秦，秦败我兵伊阙。	四
韩	十六　与齐、魏击秦，秦与我武遂和。	韩釐王咎元年	二	三　秦败我伊阙二十四万，虏将喜。	四
赵	三	四　围杀主父。与齐、燕共灭中山。	五	六	七
楚	三　怀王卒于秦，来归葬。	四　鲁文公元年。	五	六	七　迎妇秦。
燕	十六	十七	十八	十九	二十
齐	二十八	二十九　佐赵灭中山。	三十　田甲劫王，相薛文走。	三十一	三十二

前291	前290	前289	前288	前287
二十四	二十五	二十六	二十七	二十八
十六	十七　魏入河东四百里。	十八　客卿错击魏，至轵，取城大小六十一。	十九　十月，为帝；十二月，复为王。任鄙卒。	二十
五	六　芒卯以诈见重。	七　秦击我。取城大小六十一。	八	九　秦拔我新垣、曲阳之城。
五　秦拔我宛城。	六　与秦武遂地方二百里。	七	八	九
八	九	十	十一　秦拔我桂阳。	十二
八	九	十	十一	十二
二十一	二十二	二十三	二十四	二十五
三十三	三十四	三十五	三十六　为东帝二月，复为王。	三十七

	前286	前285	前284	前283	前282
周	二十九	三十	三十一	三十二	三十三
秦	二十一　魏纳安邑及河内。	二十二　蒙武击齐。	二十三　尉斯离与韩、魏、燕、赵共击齐，破之。	二十四　与楚会穰。	二十五
魏	十　宋王死我温。	十一	十二　与秦击齐济西。与秦王会西周。	十三　秦拔我安城，兵至大梁而还。	十四　大水。卫怀君元年。
韩	十　秦败我兵夏山。	十一	十二　与秦击齐济西。与秦王会西周。	十三	十四　与秦会两周间。
赵	十三	十四　与秦会中阳。	十五　取齐昔阳。	十六	十七　秦拔我两城。
楚	十三	十四　与秦会宛。	十五　取齐淮北。	十六　与秦王会穰。	十七
燕	二十六	二十七	二十八　与秦、三晋击齐，燕独入至临菑，取其宝器。	二十九	三十
齐	三十八　齐灭宋。	三十九　秦拔我列城九。	四十　五国共击湣王，王走莒。	齐襄王法章元年	二

前281	前280	前279	前278	前277
三十四	三十五	三十六	三十七	三十八
二十六　魏冉复为丞相。	二十七　击赵，斩首三万。地动，坏城。	二十八	二十九　白起击楚，拔郢，更东至竟陵，以为南郡。	三十　白起封为武安君。
十五	十六	十七	十八	十九
十五	十六	十七	十八	十九
十八　秦拔我石城。	十九　秦败我军，斩首三万。	二十　与秦会黾池，蔺相如从。	二十一	二十二
十八	十九　秦击我，与秦汉北及上庸地。	二十　秦拔鄢、西陵。	二十一　秦拔我郢，烧夷陵，王亡走陈。	二十二　秦拔我巫、黔中。
三十一	三十二	三十三	燕惠王元年	二
三	四	五　杀燕骑劫。	六	七

	前276	前275	前274	前273	前272
周	三十九	四十	四十一	四十二	四十三
秦	三十一	三十二	三十三	三十四　白起击魏华阳军，芒卯走，得三晋将，斩首十五万。	三十五
魏	魏安釐王元年　秦拔我两城。封弟公子无忌为信陵君。	二　秦拔我两城，军大梁城，韩来救，与秦温以和。	三　秦拔我四城，斩首四万。	四　与秦南阳以和。	五　击燕。
韩	二十	二十一　暴鸢救魏，为秦所败，走开封。	二十二	二十三	韩桓惠王元年
赵	二十三	二十四	二十五	二十六	二十七
楚	二十三　秦所拔我江旁反秦。	二十四	二十五	二十六	二十七　击燕。鲁顷公元年。
燕	三	四	五	六	七
齐	八	九	十	十一	十二

前271	前270	前269	前268	前267
四十四	四十五	四十六	四十七	四十八
三十六	三十七	三十八	三十九	四十　太子质于魏者死，归葬芷阳。
六	七	八	九　秦拔我怀城。	十
二	三　秦击我阏与城，不拔。	四	五	六
二十八　蔺相如攻齐，至平邑。	二十九　秦拔我阏与。赵奢将击秦，大败之，赐号曰马服。	三十	三十一	三十二
二十八	二十九	三十	三十一	三十二
燕武成王元年	二	三	四	五
十三	十四　秦、楚击我刚、寿。	十五	十六	十七

	前266	前265	前264	前263	前262
周	四十九	五十	五十一	五十二	五十三
秦	四十一	四十二　宣太后薨。安国君为太子。	四十三	四十四　攻韩，取南阳。	四十五　攻韩，取十城。
魏	十一　秦拔我廪丘。	十二	十三	十四	十五
韩	七	八	九　秦拔我陉。城汾旁。	十　秦击我太行。	十一
赵	三十三	赵孝成王元年　秦拔我三城。平原君相。	二	三	四
楚	三十三	三十四	三十五	三十六	楚考烈王元年　秦取我州。黄歇为相。
燕	六	七　齐田单拔中阳。	八	九	十
齐	十八	十九	齐王建元年	二	三

前261	前260	前259	前258	前257
五十四	五十五	五十六	五十七	五十八
四十六　王之南郑。	四十七　白起破赵长平，杀卒四十五万。	四十八	四十九	五十　王齕、郑安平围邯郸，及齕还军，拔新中。
十六	十七	十八	十九	二十　公子无忌救邯郸，秦兵解去。
十二	十三	十四	十五	十六
五　使廉颇拒秦于长平。	六　使赵括代廉颇将。白起破括四十五万。	七	八	九　秦围我邯郸，楚、魏救我。
二	三	四	五	六　春申君救赵。
十一	十二	十三	十四	燕孝王元年
四	五	六	七	八

	前256	前255	前254	前253	前252
周	五十九　赧王卒。				
秦	五十一	五十二　取西周。王稽弃市。	五十三	五十四	五十五
魏	二十一　韩、魏、楚救赵新中，秦兵罢。	二十二	二十三	二十四	二十五　卫元君元年。
韩	十七　秦击我阳城，救赵新中。	十八	十九	二十	二十一
赵	十	十一	十二	十三	十四
楚	七　救赵新中。	八　取鲁，鲁君封于莒。	九	十　徙于钜阳。	十一
燕	二	三	燕王喜元年	二	三
齐	九	十	十一	十二	十三

前251	前250	前249	前248	前247
五十六	秦孝文王元年	秦庄襄王楚元年　蒙骜取成皋、荥阳。初置三川郡。吕不韦相。取东周。	二　蒙骜击赵榆次、新城、狼孟，得三十七城。日蚀。	三　王龁击上党。初置太原郡。魏公子无忌率五国却我军河外，蒙骜解去。
二十六	二十七	二十八	二十九	三十　无忌率五国兵败秦军河外。
二十二	二十三	二十四　秦拔我成皋、荥阳。	二十五	二十六　秦拔我上党。
十五　平原君卒。	十六	十七	十八	十九
十二　柱国景伯死。	十三	十四　楚灭鲁，顷公迁卞，为家人，绝祀。	十五　春申君徙封于吴。	十六
四　伐赵，赵破我军，杀栗腹。	五	六	七	八
十四	十五	十六	十七	十八

	前246	前245	前244	前243
秦	始皇帝元年 击取晋阳。作郑国渠。	二	三　蒙骜击韩，取十三城。王齮死。	四　七月，蝗蔽天下。百姓纳粟千石，拜爵一级。
魏	三十一	三十二	三十三	三十四　信陵君死。
韩	二十七	二十八	二十九　秦拔我十三城。	三十
赵	二十　秦拔我晋阳。	二十一	赵悼襄王偃元年	二　太子从质秦归。
楚	十七	十八	十九	二十
燕	九	十	十一	十二　赵拔我武遂、方城。
齐	十九	二十	二十一	二十二

前242	前241	前240	前239
五　蒙骜取魏酸枣二十城。初置东郡。	六　五国共击秦。	七　彗星见北方西方。夏太后薨。蒙骜死。	八　嫪毐封长信侯。
魏景湣王元年秦拔我二十城。	二　秦拔我朝歌。卫从濮阳徙野王。	三　秦拔我汲。	四
三十一	三十二	三十三	三十四
三　赵相、魏相会柯，盟。	四	五	六
二十一	二十二　王东徙寿春，命曰郢。	二十三	二十四
十三　剧辛死于赵。	十四	十五	十六
二十三	二十四	二十五	二十六

	前238	前237	前236	前235
秦	九　彗星见，竟天。嫪毐为乱，迁其舍人于蜀。彗星复见。	十　相国吕不韦免。齐、赵来，置酒。太后入咸阳。大索。	十一　吕不韦之河南。王翦击邺、阏与，取九城。	十二　发四郡兵助魏击楚。吕不韦卒。复嫪毐舍人迁蜀者。
魏	五　秦拔我垣、蒲阳、衍。	六	七	八　秦助我击楚。
韩	韩王安元年	二	三	四
赵	七	八　入秦，置酒。	九　秦拔我阏与、邺，取九城。	赵王迁元年
楚	二十五　李园杀春申君。	楚幽王悼元年	二	三　秦、魏击我。
燕	十七	十八	十九	二十
齐	二十七	二十八　入秦，置酒。	二十九	三十

前234	前233	前232	前231
十三　桓齮击平阳，杀赵扈辄，斩首十万，因东击赵。王之河南。彗星见。	十四　桓齮定平阳、武城、宜安。韩使非来，我杀非。韩王请为臣。	十五　兴军至邺。军至太原。取狼孟。	十六　置丽邑。发卒受韩南阳地。
九	十	十一	十二　献城秦。
五	六	七	八　秦来受地。
二　秦拔我平阳，败扈辄，斩首十万。	三　秦拔我宜安。	四　秦拔我狼孟、鄱吾，军邺。	五　地大动。
四	五	六	七
二十一	二十二	二十三　太子丹质于秦，亡来归。	二十四
三十一	三十二	三十三	三十四

	前230	前229	前228	前227
秦	十七　内史腾击得韩王安，尽取其地，置颍川郡。华阳太后薨。	十八	十九　王翦拔赵，虏王迁之邯郸。帝太后薨。	二十　燕太子使荆轲刺王，觉之。王翦将击燕。
魏	十三	十四　卫君角元年。	十五	魏王假元年
韩	九　秦虏王安，秦灭韩。			
赵	六	七	八　秦王翦虏王迁邯郸。公子嘉自立为代王。	代王嘉元年
楚	八	九	十　幽王卒，弟郝立，为哀王。三月，负刍杀哀王。	楚王负刍元年 负刍，哀王庶兄。
燕	二十五	二十六	二十七	二十八　太子丹使荆轲刺秦王，秦伐我。
齐	三十五	三十六	三十七	三十八

前226	前225	前224	前223
二十一　王贲击楚。	二十二　王贲击魏，得其王假，尽取其地。	二十三　王翦、蒙武击破楚军，杀其将项燕。	二十四　王翦、蒙武破楚，虏其王负刍。
二	三　秦虏王假。		
二	三	四	五
二　秦大破我，取十城。	三	四　秦破我将项燕。	五　秦虏王负刍。秦灭楚。
二十九　秦拔我蓟，得太子丹。王徙辽东。	三十	三十一	三十二
三十九	四十	四十一	四十二

	前222	前221	前220	前219	前218
秦	二十五　王贲击燕，虏王喜。又击得代王嘉。五月，天下大酺。	二十六　王贲击齐，虏王建。初并天下，立为皇帝。	二十七　更命河为“德水”。为金人十二。命民曰“黔首”。同天下书。分为三十六郡。	二十八　为阿房宫。之衡山。治驰道。帝之琅邪，道南郡入。为天极庙。赐户三十，爵一级。	二十九　郡县大索十日。帝之琅邪，道上党入。
魏					
韩					
赵	六　秦将王贲虏王嘉，秦灭赵。				
楚					
燕	三十三　秦虏王喜，拔辽东，秦灭燕。				
齐	四十三	四十四　秦虏王建，秦灭齐。			

前217	前216	前215	前214	前213	前212
三十	三十一 更命腊曰“嘉平”。赐黔首里六石米二羊，以嘉平。大索二十日。	三十二 帝之碣石，道上郡入。	三十三 遣诸逋亡及贾人赘婿略取陆梁，为桂林、南海、象郡，以適戍。西北取戎为四十四县。筑长城河上，蒙恬将三十万。	三十四 適治狱不直覆狱故失者筑长城。及南方越地。	三十五 为直道，道九原，通甘泉。

	前211	前210	前209	前208	前207
秦	三十六 徙民于北河、榆中，耐徙三处，拜爵一级。石昼下东郡，有文言“地分”。	三十七 十月，帝之会稽、琅邪，还至沙丘崩。子胡亥立，为二世皇帝。杀蒙恬。道九原入。复行钱。	二世元年 十月戊寅，大赦罪人。十一月，为兔园。十二月，就阿房宫。其九月，郡县皆反。楚兵至戏，章邯击却之。出卫君角为庶人。	二 将军章邯、长史司马欣、都尉董翳追楚兵至河。诛丞相斯、去疾，将军冯劫。	三 赵高反，二世自杀，高立二世兄子婴。子婴立，刺杀高，夷三族。诸侯入秦，婴降，为项羽所杀。寻诛羽，天下属汉。
魏					
韩					
赵					
楚					
燕					
齐					

史记卷十六
表第四

秦楚之际月表

太史公读到秦楚之际历史的时候，说：第一个起事发难的，是陈涉；用暴力灭掉秦朝的，是项羽；平定祸乱，诛灭凶暴，平定天下，最终登上帝位取得成功的，是汉王朝。五年之间，发号施令的人三次更替，自从有人以来，不曾有过承受天命像这般急促的。

太史公读秦楚之际，曰：初作难，发于陈涉；虐戾灭秦，自项氏；拨乱诛暴，平定海内，卒践帝祚，成于汉家。五年之间，号令三嬗，自生民以来，未始有受命若斯之亟也。

昔日虞、夏的兴起，积累了数十年善行和功劳，德行润泽于百姓，舜、禹代行天子的政事，还要询问上天的意志，然后才登上帝位。商汤、周武王成为帝王，是由于契、后稷修仁德，行道义，这样经过十几代。武王起兵，未经约定就有八百诸侯在孟津自动聚集，武王还认为不可轻动。有这样的德行，商汤才流放夏桀，武王才杀了殷纣。秦国兴起于襄公，显赫于文公、缪公时期，献公、孝公之后，慢慢能蚕食六国，历经一百多年，到秦始皇才吞并了六国诸侯。施行仁德要像虞、夏、汤、武那样，使用武力要像秦这样，统一天下是如此艰难！

昔虞、夏之兴，积善累功数十年，德洽百姓，摄行政事，考之于天，然后在位。汤、武之王，乃由契、后稷修仁行义十余世，不期而会孟津八百诸侯，犹以为未可，其后乃放弑。秦起襄公，章于文、缪，献、孝之后，稍以蚕食六国，百有余载，至始皇乃能并冠带之伦。以德若彼，用力如此，盖一统若斯之难也。

秦既称帝，患兵革不休，以有诸侯也，于是无尺土之封，堕坏名城，销锋镝，锄豪桀，维万世之安。然王迹之兴，起于闾巷，合从讨伐，轶于三代，乡秦之禁，适足以资贤者为驱除难耳。故愤发其所为天下雄，安在无土不王？此乃传之所谓大圣乎？岂非天哉，岂非天哉！非大圣孰能当此受命而帝者乎？

秦王称帝之后，认为战乱不只是有诸侯的缘故，于是没有尺寸土地的分封，毁坏了有名的城池，销熔兵器，铲除了地方豪强，希望帝业能安定万世。然而帝王功业的兴起，产生于里巷之中，天下人联合起来讨伐暴秦，声势超过夏、商、周三代，从前秦朝的禁令，恰好足够帮助贤能的人来除掉困难了。因此汉高祖奋发有为而成为天下雄主，怎么能说没有领地便不能称王呢？这是上天把帝位传给所说的大圣人了吧！这难道不是天意吗？这难道不是天意吗？如果不是大圣人，谁能在这乱世承受天命成为帝王呢！

公元前209

秦	二世元年	七月	八月	九月　楚兵至戏。
楚		楚隐王陈涉起兵入秦。	二　葛婴为涉徇九江，立襄彊为楚王。	三　周文兵至戏，败。而葛婴闻涉王，即杀彊。
项				项梁号武信君。
赵			武臣始至邯郸，自立为赵王，始。	二
齐				齐王田儋始。儋，狄人。 诸田宗强。从弟荣，荣弟横。
汉				沛公初起。
燕				韩广为赵略地至蓟，自立为燕王始。
魏				魏王咎始。咎在陈，不得归国。
韩				

前208

秦	二年十月	十一月	十二月
楚	四　诛葛婴。	五　周文死。	六　陈涉死。
项	二	三	四
赵	三	四　李良杀武臣，张耳、陈馀走。	
齐	二　儋之起，杀狄令自王。	三	四
汉	二　击胡陵、方与，破秦监军。	三　杀泗水守，拔薛西。周市东略地丰、沛间。	四　雍齿叛沛公，以丰降魏。沛公还攻丰，不能下。
燕	二	三	四
魏	二	三　齐、赵共立周市，市不肯，曰“必立魏咎”云。	四　咎自陈归，立。
韩			

端月	二月	三月
楚王景驹始，秦嘉立之。	二　嘉为上将军。	三
五　涉将召平矫拜项梁为楚柱国，急西击秦。	六　梁渡江，陈婴、黥布皆属。	七
赵王歇始，张耳、陈馀立之。	二	三
五　让景驹以擅自王不请我。	六　景驹使公孙庆让齐，诛庆。	七
五　沛公闻景驹王在留，往从，与击秦军砀西。	六　攻下砀，收得兵六千，与故凡九千人。	七　攻拔下邑，遂击丰，丰不拔。闻项梁兵众，往请击丰。
五	六	七
五　章邯已破涉，围咎临济。	六	七

秦	四月	五月	六月	七月
楚	四		楚怀王始，都盱台，故怀王孙，梁立之。	二　陈婴为柱国。
项	八　梁击杀景驹、秦嘉，遂入薛，兵十余万众。	九	十　梁求楚怀王孙，得之民间，立为楚王。	十一　天大雨，三月不见星。
赵	四	五	六	七
齐	八	九	十　儋救临济，章邯杀田儋。荣走东阿。	齐立田假为王，秦急围荣东阿。
汉	八　沛公如薛见项梁，梁益沛公卒五千，击丰，拔之。雍齿奔魏。	九	十　沛公如薛，共立楚怀王。	十一　沛公与项羽北救东阿，破秦军濮阳，东屠城阳。
燕	八	九	十	十一
魏	八　临济急，周市如齐、楚请救。	九	十　咎自杀，临济降秦。	咎弟豹走东阿。
韩			韩王成始。	二

八月	九月	后九月
三	四　徙都彭城。	五　拜宋义为上将军。
十二　救东阿，破秦军，乘胜至定陶，项梁有骄色。	十三　章邯破杀项梁于定陶，项羽恐，还军彭城。	怀王封项羽于鲁，为次将，属宋义，北救赵。
八	九	十　秦军围歇钜鹿，陈馀出救兵。
楚救荣，得解归，逐田假，立儋子市为齐王，始。	二　田假走楚，楚趋齐救赵。田荣以假故，不肯，谓“楚杀假乃出兵”。项羽怒田荣。	三
十二　沛公与项羽西略地，斩三川守李由于雍丘。	十三　沛公闻项梁死，还军，从怀王，军于砀。	十四　怀王封沛公为武安侯，将砀郡兵西，约先至咸阳王之。
十二	十三	十四
	魏豹自立为魏王，都平阳，始。	二
三	四	五

前207

秦	三年十月	十一月	十二月	端月
楚	六	七　拜籍上将军。	八	九
项	二	三　羽矫杀宋义，将其兵渡河救钜鹿。	四　大破秦军钜鹿下，诸侯将皆属项羽。	五　虏秦将王离。
赵	十一　章邯破邯郸，徙其民于河内。	十二	十三　楚救至，秦围解。	十四　张耳怒陈馀，弃将印去。
齐	四　齐将田都叛荣，往助项羽救赵。	五	六　故齐王建孙田安下济北，从项羽救赵。	七
汉	十五　攻破东郡尉及王离军于成武南。	十六	十七　至栗，得皇䜣、武蒲军。与秦军战，破之。	十八
燕	十五　使将臧荼救赵。	十六	十七	十八
魏	三	四	五　豹救赵。	六
韩	六	七	八	九

二月	三月	四月	五月
十	十一	十二	二年一月
六　攻破章邯，章邯军却。	七	八　楚急攻章邯，章邯恐，使长史欣归秦请兵，赵高让之。	九　赵高欲诛欣，欣恐，亡走告章邯，谋叛秦。
十五	十六	十七	十八
八	九	十	十一
十九　得彭越军昌邑。袭陈留，用郦食其策，军得积粟。	二十　攻开封，破秦将杨熊，熊走荥阳，秦斩熊以徇。	二十一　攻颍阳，略韩地，北绝河津。	二十二
十九	二十	二十一	二十二
七	八	九	十
十	十一	十二	十三

秦	六月	七月	八月　赵高杀二世。
楚	二	三	四
项	十　章邯与楚约降，未定，项羽许而击之。	十一　项羽与章邯期殷虚，章邯等已降，与盟，以邯为雍王。	十二　以秦降都尉翳、长史欣为上将，将秦降军。
赵	十九	二十	二十一　赵王歇留国。陈馀亡居南皮。
齐	十二	十三	十四
汉	二十三　攻南阳守齮，破之阳城郭东。	二十四　降下南阳，封其守齮。	二十五　攻武关，破之。
燕	二十三	二十四	二十五
魏	十一	十二	十三
韩	十四	十五　申阳下河南，降楚。	十六

前206

九月　子婴为王。	十月	十一月
五	六	七
十三	十四　项羽将诸侯兵四十余万，行略地，西至于河南。	十五　羽诈坑杀秦降卒二十万人于新安。
二十二	二十三　张耳从楚西入秦。	二十四
十五	十六	十七
二十六　攻下峣及蓝田。以留侯策，不战皆降。	二十七　汉元年，秦王子婴降。沛公入破咸阳，平秦，还军霸上，待诸侯约。	二十八　沛公出令三章，秦民大悦。
二十六	二十七	二十八
十四	十五　从项羽略地，遂入关。	十六
十七	十八	十九

秦	十二月
楚	八　分楚为四。
项	十六　至关中，诛秦王子婴，屠烧咸阳。分天下，立诸侯。
赵	二十五　分赵为代国。
齐	十八　项羽怨荣，分齐为三国。
汉	二十九　与项羽有郄，见之戏下，讲解。羽倍约，分关中为四国。
燕	二十九　臧荼从入，分燕为二国。
魏	十七　分魏为殷国。
韩	二十　分韩为河南国。

秦	九　义帝元年　　诸侯尊怀王为义帝。	二　徙都江南郴。
项	十七　项籍自立为西楚霸王。	西楚伯王项籍始，为天下主命，立十八王。
	分为衡山。	王吴芮始，故番君。
	分为临江。	王共敖始，故楚柱国。
	分为九江。	王英布始，故楚将。
赵	二十六　更名为常山。	王张耳始，故楚将。
	分为代。	二十七　王赵歇始，故赵王。
齐	十九　更名为临菑。	王田都始，故齐将。
	分为济北。	王田安始，故齐将。
	分为胶东。	二十　王田市始，故齐王。
汉	正月　分关中为汉。	二月　汉王始，故沛公。
	分关中为雍。	王章邯始，故秦将。
	分关中为塞。	王司马欣始，故秦将。
	分关中为翟。	王董翳始，故秦将。
燕	三十	王臧荼始，故燕将。
	分为辽东。	三十一　王韩广始，故燕王。
魏	十八　更为西魏。	十九　王魏豹始，故魏王。
	分为殷。	王司马卬始，故赵将。
韩	二十一　韩	二十二　王韩成始，故韩将。
	分为河南。	王申阳始，故楚将。

楚	三	四
西楚	二　都彭城。	三　诸侯罢戏下兵，皆之国。
衡山	二　都邾。	三
临江	二　都江陵。	三
九江	二　都六。	三
常山	二　都襄国。	三
代	二十八　都代。	二十九
临菑	二　都临菑。	三
济北	二　都博阳。	三
胶东	二十一　都即墨。	二十二
汉	三月　都南郑。	四月
雍	二　都废丘。	三
塞	二　都栎阳。	三
翟	二　都高奴。	三
燕	二　都蓟。	三
辽东	三十二　都无终。	三十三
西魏	二十　都平阳。	二十一
殷	二　都朝歌。	三
韩	二十三　都阳翟。	二十四
河南	二　都洛阳。	三

五	六
四	五
四	五
四	五
四	五
四	五
三十	三十一
四　田荣击都，都降楚。	齐王田荣始，故齐相。
四	五
二十三	二十四　田荣击杀市。
五月	六月
四	五
四	五
四	五
四	五
三十四	三十五
二十二	二十三
四	五
二十五	二十六
四	五

楚	七	八
西楚	六	七
衡山	六	七
临江	六	七
九江	六	七
常山	六	七
代	三十二	三十三
齐	二	三
济北	六　田荣击杀安。	属齐。
胶东	属齐。	
汉	七月	八月
雍	六	七　邯守废丘，汉围之。
塞	六	七　欣降汉，国除。
翟	六	七　翳降汉，国除。
燕	六	七
辽东	三十六	三十七　臧荼击广无终，灭之。
西魏	二十四	二十五
殷	六	七
韩	二十七　项羽诛成。	韩王郑昌始，项羽立之。
河南	六	七

九	十　项羽灭义帝。
八	九
八	九
八	九
八	九
八	九　耳降汉。
三十四	三十五　歇复王赵。
四	五
九月	十月　王至陕。
八	九
属汉，为渭南、河上郡。	
属汉，为上郡。	
八	九
属燕。	
二十六	二十七
八	九
二	三
八	九

楚		
西楚	十	十一
衡山	十	十一
临江	十	十一
九江	十	十一
代		歇以陈馀为代王，故成安君。
赵	三十六	三十七
齐	六	七
济北		
胶东		
汉	十一月	十二月
雍	十　汉拔我陇西。	十一
塞		
翟		
燕	十	十一
辽东		
西魏	二十八	二十九
殷	十	十一
韩	韩王信始，汉立之。	二
河南	属汉，为河南郡。	

十二	二年一月
十二	二年一月
十二	十三
十二	二年一月
二	三
三十八	三十九
八　项籍击荣，走平原，平原民杀之。	项籍立故齐王田假为齐王。
正月	二月
十二　汉拔我北地。	二年一月
十二	二年一月
三十	三十一
十二	十三
三	四

楚	
西楚	二
衡山	二
临江	十四
九江	二
代	四
赵	四十
齐	二　田荣弟横反城阳，击假，走楚，楚杀假。
济北	
胶东	
汉	三月　王击殷。
雍	二
塞	
翟	
燕	二
辽东	
西魏	三十二　降汉。
殷	十四　降汉，印废。
韩	五
河南	

三　项羽以兵三万破汉兵五十六万。	四
三	四
十五	十六
三	四
五	六
四十一	四十二
齐王田广始。广，荣子，横立之。	二
四月　王伐楚至彭城，坏走。	五月　王走荥阳。
三	四
三	四
三十三　从汉伐楚。	三十四　豹归，叛汉。
为河内郡，属汉。	
六　从汉伐楚。	七

楚		
西楚	五	六
衡山	五	六
临江	十七	十八
九江	五	六
代	七	八
赵	四十三	四十四
齐	三	四
济北		
胶东		
汉	六月　王入关，立太子。复如荥阳。	七月
雍	五　汉杀邯废丘。	属汉，为陇西、北地、中地郡。
塞		
翟		
燕	五	六
辽东		
西魏	三十五	三十六
殷		
韩	八	九
河南		

七	八	九
七	八	九
十九	二十	二十一
七	八	九
九	十	十一
四十五	四十六	四十七
五	六	七
八月	九月	后九月
七	八	九
三十七	三十八　汉将韩信虏豹。	属汉，为河东、上党郡。
十	十一	十二

前204

楚		
西楚	十	十一
衡山	十	十一
临江	二十二	二十三
九江	十	十一
代	十二　汉将韩信斩陈馀。	属汉，为太原郡。
赵	四十八　汉灭歇。	属汉，为郡。
齐	八	九
济北		
胶东		
汉	三年十月	十一月
雍		
塞		
翟		
燕	十	十一
辽东		
西魏		
殷		
韩	二年一月	二
河南		

十二	三年一月	二
十二	三年一月	二
二十四	二十五	二十六
十二　布身降汉，地属项籍。		
十	十一	十二
十二月	正月	二月
十二	三年一月	二
三	四	五

楚				
西楚	三	四	五	六
衡山	三	四	五	六
临江	二十七	二十八	二十九	三十
九江				
代				
赵				
齐	十三	十四	十五	十六
济北				
胶东				
汉	三月	四月　楚围王荥阳。	五月	六月
雍				
塞				
翟				
燕	三	四	五	六
辽东				
西魏				
殷				
韩	六	七	八	九
河南				

七	八	九	十
七	八	九	十
三十一　王敖薨。	临江王骥始，敖子。	二	三
十七	十八	十九	二十
七月　王出荥阳。	八月　周苛、枞公杀魏豹。	九月	四年十月
七	八	九	十
十	十一	十二	三年一月

楚			
西楚	十一　汉将韩信破杀龙且。	十二	四年一月
衡山	十一	十二	四年一月
临江	四	五	六
九江			
赵	赵王张耳始，汉立之。	二	三
代			
齐	二十一　汉将韩信击杀广。	属汉，为郡。	
济北			
胶东			
汉	十一月	十二月	正月
雍			
塞			
翟			
燕	十一	十二	四年一月
辽东			
西魏			
殷			
韩	二	三	四
河南			

二	三　汉御史周苛入楚。	四
二	三	四
七	八	九
四	五	六
齐王韩信始，汉立之。	二	三
二月　立信王齐。	三月　周苛入楚。	四月　王出荥阳。豹死。
二	三	四
五	六	七

楚				
西楚	五	六	七	八
衡山	五	六	七	八
临江	十	十一	十二	十三
淮南			淮南王英布始，汉立之。	二
赵	七	八	九	十
代				
齐	四	五	六	七
济北				
胶东				
汉	五月	六月	七月　立布为淮南王。	八月
雍				
塞				
翟				
燕	五	六	七	八
辽东				
西魏				
殷				
韩	八	九	十	十一
河南				

前202

九	十	十一	十二　诛籍。
九	十	十一	十二
十四	十五	十六	十七　汉虏驩。
三	四	五	六
十一	十二	二年一月	二
八	九	十	十一
九月　太公、吕后归自楚。	五年十月	十一月	十二月
九	十	十一	十二
十二	四年一月	二	三

楚	
西楚	齐王韩信徙楚王。
衡山	十三　徙王长沙。
临江	属汉，为南郡。
淮南	七　淮南国
赵	三　赵国
代	
齐	十二　徙王楚，属汉，为四郡。
济北	
胶东	
汉	正月　杀项籍，天下平，诸侯臣属汉。
雍	
塞	
翟	
燕	五年一月　燕国
辽东	
梁	复置梁国。
殷	
韩	四　韩王信徙王代，都马邑。
长沙	分临江为长沙国。

二	三
属淮南国。	
八	九
四	五
二月　甲午，王更号，即皇帝位于定陶。	三月
二	三
梁王彭越始。	二
五	六
衡山王吴芮为长沙王。	二

楚			
西楚	四	五	六
衡山			
临江			
淮南	十	十一	十二
赵	六	七	八
代			
齐			
济北			
胶东			
汉	四月	五月	六月　帝入关。
雍			
塞			
翟			
燕	四	五	六
辽东			
梁	三	四	五
殷			
韩	七	八	九
长沙	三	四	五

七	八
二年一月	二
九　耳薨，谥景王。	赵王张敖始，耳子。
七月	八月　帝自将诛燕。
七	八
六	七
十	十一
六　薨，谥文王。	长沙成王臣始，芮子。

楚		
西楚	九　王得故项羽将锺离昧，斩之以闻。	十
衡山		
临江		
淮南	三	四
赵	二	三
代		
齐		
济北		
胶东		
汉	九月	后九月
雍		
塞		
翟		
燕	九　反汉，虏荼。	燕王卢绾始，汉太尉。
辽东		
梁	八	九
殷		
韩	十二	五年一月
长沙	二	三

史记卷十七
表第五

汉兴以来诸侯王年表

太史公说：殷以前的事很久远了。周朝封爵分为五等：公、侯、伯、子、男。然而把伯禽、康叔封在鲁、卫，土地各为四百里，这是以亲亲之义为本，褒奖有德之人；封太公于齐，让他兼有五个侯爵的封地，这是对他勤劳王事的尊崇。武王、成王、康王所封的诸侯有数百个，而与周王室同姓的诸侯有五十五个，封地最大的不过一百里，最小的三十里，用以辅佐捍卫王室。管、蔡、曹、郑，他们的封地有的多于这个范围，有的少于这个范围。厉王、幽王之后，周王室衰落，争强称霸的诸侯国兴盛起来，天子微弱，不能匡正诸侯。不是周王的德行不纯正，而是周的形势衰弱了。

太史公曰：殷以前尚矣。周封五等：公、侯、伯、子、男。然封伯禽、康叔于鲁、卫，地各四百里，亲亲之义，褒有德也；太公于齐，兼五侯地，尊勤劳也。武王、成、康所封数百，而同姓五十五，地上不过百里，下三十里，以辅卫王室。管、蔡、曹、郑，或过或损。厉、幽之后，王室缺，侯伯强国兴焉，天子微，弗能正。非德不纯，形势弱也。

汉朝建立后，把功臣爵位分为王、侯两等。汉高祖末年，不是刘氏而称王的，或没有功绩不是天子所封而为侯的，天下人一起讨伐他。高祖的同姓子弟中被封为王的有九人，唯独长沙王是异姓诸侯王，而被封为侯的功臣有一百多人。自雁

汉兴，序二等。高祖末年，非刘氏而王者，若无功上所不置而侯者，天下共诛之。高祖子弟同姓为王者九国，唯独长沙异姓，而功臣侯者百有余人。自雁门、太原以东至辽阳，为

燕、代国；常山以南，太行左转，度河、济，阿、甄以东薄海，为齐、赵国；自陈以西，南至九疑，东带江、淮、穀、泗，薄会稽，为梁、楚、吴、淮南、长沙国：皆外接于胡、越。而内地北距山以东尽诸侯地，大者或五六郡，连城数十，置百官宫观，僭于天子。汉独有三河、东郡、颍川、南阳，自江陵以西至蜀，北自云中至陇西，与内史凡十五郡，而公主列侯颇食邑其中。何者？天下初定，骨肉同姓少，故广强庶孽，以镇抚四海，用承卫天子也。

汉定百年之间，亲属益疏，诸侯或骄奢，忕邪臣计谋为淫乱，大者叛逆，小者不轨于法，以危其命，殒身亡国。天子观于上古，然后加惠，使诸侯得推恩分子弟国邑，故齐分为七，赵分为六，梁分为五，淮南分三，及天子支庶子为王，王子支庶为侯，百有余焉。吴楚时，前后诸侯或以適削地，是以燕、代无北边郡，吴、淮南、长沙无南边郡，齐、赵、梁、楚支郡名山陂海咸纳于汉。诸侯稍

门、太原以东到辽阳，是燕国、代国；常山以南，太行山以东，越过黄河、济水，阿、甄以东临近大海，是齐国、赵国；自陈县以西，南到九疑山，东边连着江、淮、穀、泗，接近会稽，是梁、楚、淮南、长沙四国：这些国家都北连匈奴或南接越地。而内地北到太行山以东都是诸侯的封地，大的诸侯国有五六个郡，数十座城池相连，设置百官，建立宫观，僭越到了天子的规格。汉廷只辖有三河、东郡、颍川、南阳，自江陵以西到蜀地，北面自云中到陇西，加上京城的内史共十五个郡，而公主、列侯的很多食邑也在其中。为什么会这样呢？天下刚刚平定，同姓骨肉较少，所以广泛分封庶子，让他们来镇抚四方，拱卫天子。

汉朝平定天下百年之间，亲属关系越来越疏远，有的诸侯骄横奢侈，习惯于听从奸臣的计谋而做淫乱之事，重则谋反叛逆，轻则不守法度，以致危及自己的性命，丧身亡国。天子效法上古，然后施恩惠，使诸侯得以给子弟分封国邑，所以齐分为七国，赵分为六国，梁分为五国，淮南分为三国，以及天子的庶子被封为王的，诸侯王的庶子被封为侯的，有一百多人。吴楚反叛时，前前后后有一些诸侯因犯错而被削减封地，因此燕、代没有北部边境的郡，吴、淮南、长沙没有南部边境的郡，齐、赵、梁、楚的名山大湖全都纳入汉王室。诸侯

的势力逐渐衰微，大国不过十多个城池，小的侯爵不过只有几十里土地，对上足以交纳贡赋，对下足以供养祭祀，来捍卫京师。而汉廷管辖的郡有八九十个，交错于诸侯国之间，像犬牙一般参差相连，仗着险阻要塞的地利，形成了强大主干、削弱枝叶的形势，于是尊卑分明而万事各得其所了。

臣司马迁谨慎地记载了高祖以来到太初时的诸侯，记录了以下各国兴衰的时间，使后世得以观览。如今朝廷势力固然强大，但重要的还是以仁义为根本。

微，大国不过十余城，小侯不过数十里，上足以奉贡职，下足以供养祭祀，以蕃辅京师。而汉郡八九十，形错诸侯间，犬牙相临，秉其厄塞地利，强本干，弱枝叶之势，尊卑明而万事各得其所矣。

臣迁谨记高祖以来至太初诸侯，谱其下益损之时，令后世得览。形势虽强，要之以仁义为本。

	前206	前205	前204
	高祖元年	二	三
楚		都彭城。	
齐		都临菑。	
荆		都吴。	
淮南		都寿春。	
燕		都蓟。	
赵		都邯郸。	
梁		都淮阳。	
淮阳		都陈。	
代		十一月，初王韩信元年。都马邑。	二
长沙			

前203	前202
四	五
	齐王信徙为楚王元年。反，废。
初王信元年。故相国。	二　徙楚。
十月乙丑，初王武王英布元年。	二
	后九月壬子，初王卢绾元年。
初王张耳元年。薨。	王敖元年。敖，耳子。
	初王彭越元年
三	四　降匈奴，国除为郡。
	二月乙未，初王文王吴芮元年。薨。

	前201	前200	前199
	六	七	八
楚	正月丙午，初王交元年。交，高祖弟。	二	三
齐	正月甲子，初王悼惠王肥元年。肥，高祖子。	二	三
荆	正月丙午，初王刘贾元年。	二	三
淮南	三	四	五
燕	二	三	四
赵	二	三	四　废。
梁	二	三	四
淮阳			
长沙	成王臣元年	二	三

	前198	前197
	九	十
楚	四　来朝。	五　来朝。
齐	四　来朝。	五　来朝。
荆	四	五　来朝。
淮南	六　来朝。	七　来朝。反，诛。
燕	五	六　来朝。
赵	初王隐王如意元年。如意，高祖子。	二
梁	五　来朝。	六　来朝。反，诛。
淮阳		
代		复置代，都中都。
长沙	四	五　来朝。

前196

	十一
楚	六
齐	六
荆	六　为英布所杀，国除为郡。
淮南	十二月庚午，厉王长元年。长，高祖子。
燕	七
赵	三
梁	二月丙午，初王恢元年。恢，高祖子。
淮阳	三月丙寅，初王友元年。友，高祖子。
代	正月丙子，初王元年。
长沙	六

	前195
	十二
楚	七
齐	七
吴	更为吴国。十月辛丑，初王濞元年。濞，高祖兄仲子，故沛侯。
淮南	二
燕	二月甲午，初王灵王建元年。建，高祖子。
赵	四　死。
梁	二
淮阳	二
代	二
长沙	七

	前194	前193
	孝惠元年	二
楚	八	九　来朝。
齐	八	九　来朝。
吴	二	三
淮南	三	四
燕	二	三
赵	淮阳王徙于赵，名友，元年。是为幽王。	二
梁	三	四
淮阳	为郡。	
代	三	四
长沙	八	哀王回元年

前192	前191	前190
三	四	五
十	十一　来朝。	十二
十	十一　来朝。	十二
四	五	六　来朝。
五	六　来朝。	七
四	五	六　来朝。
三	四　来朝。	五
五	六	七
五	六	七
二	三	四

	前189	前188
	六	七
楚	十三	十四　来朝。
鲁		初置鲁国。
齐	十三　薨。	哀王襄元年
吴	七	八　来朝。
淮南	八	九　来朝。
燕	七	八　来朝。
赵	六	七　来朝。
常山	初置常山国。	
梁	八	九　来朝。
吕		初置吕国。
淮阳		复置淮阳国。
代	八	九
长沙	五	六

高后元年
十五
四月　元王张偃元年。偃，高后外孙，故赵王敖子。
二
九
十
九
八
四月辛卯，哀王不疑元年。薨。
十
四月辛卯，吕王台元年。薨。
四月辛卯，初王怀王强元年。强，惠帝子。
十
七

前186

	二
楚	十六
鲁	二
齐	三
吴	十
淮南	十一
燕	十
赵	九
常山	七月癸巳，初王义元年。哀王弟。义，孝惠子，故襄城侯，立为帝。
梁	十一
吕	十一月癸亥，王吕嘉元年。嘉，肃王子。
淮阳	二
代	十一
长沙	恭王右元年

前185	前184	前183
三	四	五
十七	十八	十九
三	四	五
四　来朝。	五	六
十一	十二	十三
十二	十三	十四　来朝。
十一	十二	十三
十	十一	十二
二	五月丙辰，初王朝元年。朝，惠帝子，故轵侯。	二
十二	十三	十四
二	三	四
三	四	五　无嗣。
十二	十三	十四
二　来朝。	三	四

前182

	六
楚	二十
鲁	六
齐	七
琅邪	初置琅邪国。
吴	十四
淮南	十五
燕	十四
赵	十三
常山	三
梁	十五
吕	嘉废。七月丙辰，吕产元年。产，肃王弟，故洨侯。
淮阳	初王武元年。武，孝惠帝子，故壶关侯。
代	十五
长沙	五

前181
七
二十一
七
八
王泽元年。故营陵侯。
十五
十六
十五　绝。
十四　幽死。
四
徙王赵，自杀。王吕产元年。
吕产徙王梁。二月丁巳，王太元年。惠帝子。
二
十六
六

前180

	八
楚	二十二
鲁	八
齐	九
琅邪	二
吴	十六
淮南	十七
燕	十月辛丑，初王吕通元年。肃王子，故东平侯。九月诛，国除。
赵	初王吕禄元年。吕后兄子，胡陵侯。诛，国除。
常山	五　非子，诛，国除为郡。
梁	二　有罪，诛，为郡。
吕	二
淮阳	三　武诛，国除。
代	十七
长沙	七

前179

	孝文元年
楚	二十三
鲁	九　废为侯。
齐	十　薨。
城阳	初置城阳郡。
济北	初置济北。
琅邪	三　徙燕。
吴	十七
淮南	十八
燕	十月庚戌，琅邪王泽徙燕元年。是为敬王。
赵	十月庚戌，赵王遂元年。幽王子。
河间	分为河间，都乐成。
太原	初置太原，都晋阳。
梁	复置梁国。
代	十八　为文帝。
长沙	八

前178

	二
楚	夷王郢元年
齐	文王则元年
城阳	二月乙卯，景王章元年。章，悼惠王子，故朱虚侯。
济北	二月乙卯，王兴居元年。兴居，悼惠王子，故东牟侯。
琅邪	国除为郡。
吴	十八
淮南	十九
燕	二　薨。
赵	二
河间	二月乙卯，初王文王辟强元年。辟强，赵幽王子。
太原	二月乙卯，初王参元年。参，文帝子。
梁	二月乙卯，初王怀王胜元年。胜，文帝子。
代	二月乙卯，初王武元年。武，文帝子。
长沙	九

	前177	前176
	三	四
楚	二	三
齐	二	三
城阳	二	共王喜元年
济北	为郡。	
吴	十九　来朝。	二十
淮南	二十　来朝。	二十一
燕	康王嘉元年	二
赵	三	四
河间	二	三
太原	二	三　更为代王。
梁	二	三
淮阳	复置淮阳国。	代王武徙淮阳三年。
代	二　徙淮阳。	三　太原王参更号为代王三年，实居太原，是为孝王。
长沙	靖王著元年	二

	前175	前174
	五	六
楚	四　薨。	王戊元年
齐	四	五
城阳	二	三
吴	二十一	二十二
淮南	二十二	二十三　王无道，迁蜀，死雍，为郡。
燕	三	四
赵	五	六
河间	四	五
梁	四	五
淮阳	四	五
代	四	五
长沙	三	四

前173	前172	前171
七	八	九
二	三	四
六	七　来朝。	八
四	五	六　来朝。
二十三	二十四	二十五
五	六　来朝。	七
七　来朝。	八	九
六	七　来朝。	八
六　来朝。	七	八
六　来朝。	七	八　来朝。
六　来朝。	七	八
五	六	七

	前170	前169	前168
	十	十一	十二
楚	五	六	七
齐	九	十	十一　来朝。
城阳	七	八　徙淮南。为郡，属齐。	
吴	二十六	二十七	二十八
淮南			城阳王喜徙淮南元年
燕	八	九	十
赵	十	十一	十二　来朝。
河间	九	十	十一　来朝。
梁	九	十　来朝。薨，无后。	十一　淮阳王武徙梁年，是为孝王。
淮阳	九	十　来朝。徙梁。为郡。	
代	九	十　来朝。	十一
长沙	八　来朝。	九	十

	前167	前166	前165
	十三	十四	十五
楚	八　来朝。	九	十
衡山			初置衡山。
齐	十二	十三	十四　薨。无后。
城阳			复置城阳国。
济北			复置济北国。
济南			分为济南国。
菑川			分为菑川，都剧。
胶西			分为胶西，都宛。
胶东			分为胶东，都即墨。
吴	二十九	三十	三十一
淮南	二	三	四　徙城阳。
燕	十一	十二　来朝。	十三　来朝。
赵	十三	十四	十五
河间	十二	十三　薨。	哀王福元年。薨，无后，国除为郡。
庐江			初置庐江国。
梁	十二	十三	十四　来朝。
代	十二	十三	十四
长沙	十一	十二	十三

前164

	十六
楚	十一
衡山	四月丙寅，王勃元年。淮南厉王子，故安阳侯。
齐	四月丙寅，孝王将闾元年。齐悼惠王子，故阳虚侯。
城阳	淮南王喜徙城阳十三年。
济北	四月丙寅，初王志元年。齐悼惠王子，故安都侯。
济南	四月丙寅，初王辟光元年。齐悼惠王子，故扐侯。
菑川	四月丙寅，初王贤元年。齐悼惠王子，故武城侯。
胶西	四月丙寅，初王卬元年。齐悼惠王子，故平昌侯。
胶东	四月丙寅，初王雄渠元年。齐悼惠王子，故白石侯。
吴	三十二
淮南	四月丙寅，王安元年。淮南厉王子，故阜陵侯。
燕	十四
赵	十六
庐江	四月丙寅，王赐元年。淮南厉王子，故阳周侯。
梁	十五
代	十五
长沙	十四

前163	前162	前161	前160
后元年	二	三	四
十二	十三	十四	十五
二	三	四	五
二	三	四　来朝。	五
十四	十五	十六	十七
二	三	四　来朝。	五　来朝。
二	三	四　来朝。	五
二	三	四	五
二	三	四	五
二	三	四	五
三十三	三十四	三十五	三十六
二	三	四	五
十五	十六	十七	十八　来朝。
十七	十八	十九	二十　来朝。
二	三	四	五
十六	十七	十八　来朝。	十九
十六	十七　薨。	恭王登元年	二
十五	十六	十七	十八

	前159	前158
	五	六
楚	十六　来朝。	十七
衡山	六	七
齐	六	七
城阳	十八　来朝。	十九
济北	六	七
济南	六　来朝。	七
菑川	六	七
胶西	六　来朝。	七
胶东	六	七
吴	三十七	三十八
淮南	六	七　来朝。
燕	十九	二十
赵	二十一	二十二
庐江	六	七
梁	二十	二十一　来朝。
代	三	四
长沙	十九	二十　来朝。

	前157	前156
	七	孝景前元年
楚	十八	十九
衡山	八	九
齐	八	九
城阳	二十	二十一
济北	八	九
济南	八	九
菑川	八	九
胶西	八	九
胶东	八	九
吴	三十九	四十
淮南	八	九
燕	二十一	二十二
赵	二十三	二十四
河间		复置河间国。
广川		初置广川，都信都。
庐江	八	九
梁	二十二	二十三
临江		初置临江，都江陵。
汝南		初置汝南国。
淮阳		复置淮阳国。
代	五	六
长沙	二十一　来朝。薨，无后，国除。	复置长沙国。

前155

	二
楚	二十　来朝。
鲁	分楚复置鲁国。
衡山	十
齐	十
城阳	二十二
济北	十　来朝。
济南	十
菑川	十
胶西	十
胶东	十
吴	四十一
淮南	十
燕	二十三
赵	二十五　来朝。
河间	三月甲寅，初王献王德元年。景帝子。
广川	三月甲寅，王彭祖元年。景帝子。
中山	初置中山，都卢奴。
庐江	十
梁	二十四　来朝。
临江	三月甲寅，初王阏于元年。景帝子。
汝南	三月甲寅，初王非元年。景帝子。
淮阳	三月甲寅，初王馀元年。景帝子。
代	七
长沙	三月甲寅，定王发元年。景帝子。

前154

三
二十一　反，诛。
六月乙亥，淮阳王徙鲁元年。是为恭王。
十一
十一
二十三
十一　徙菑川。
十一　反，诛。为郡。
十一　反，诛。济北王志徙菑川十一年。是为懿王。
十一　反，诛。六月乙亥，于王端元年。景帝子。
十一　反，诛。
四十二　反，诛。
十一
二十四
二十六　反，诛。为郡。
二　来朝。
二　来朝。
六月乙亥，靖王胜元年。景帝子。
十一
二十五　来朝。
二
二
二　徙鲁。为郡。
八
二

	四　四月己巳立太子
楚	文王礼元年。元王子，故平陆侯。
鲁	二　来朝。
衡山	十二　徙济北。庐江王赐徙衡山元年。
齐	懿王寿元年
城阳	二十四
济北	衡山王勃徙济北十二年。是为贞王。
菑川	十二
胶西	二
胶东	四月己巳，初王元年。是为孝武帝。
江都	初置江都。六月乙亥，汝南王非为江都王元年。是为易王。
淮南	十二
燕	二十五
河间	三
广川	三
中山	二
庐江	十二　徙衡山，国除为郡。
梁	二十六
临江	三　薨，无后，国除为郡。
汝南	三　徙江都。
代	九
长沙	三

	前152	前151
	五	六
楚	二	三　来朝。薨。
鲁	三	四
衡山	二	三
齐	二　来朝。	三
城阳	二十五	二十六
济北	十三　薨。	武王胡元年
菑川	十三	十四
胶西	三	四
胶东	二	三
江都	二	三
淮南	十三　来朝。	十四
燕	二十六　薨。	王定国元年
赵	广川王彭祖徙赵四年。是为敬肃王。	五
河间	四	五
广川	四　徙赵，国除为信都郡。	
中山	三	四
梁	二十七	二十八
临江		复置临江国。
代	十	十一
长沙	四	五　来朝。

前150

	七　十一月乙丑太子废。
楚	安王道元年
鲁	五
衡山	四
齐	四
城阳	二十七
济北	二
菑川	十五
胶西	五
胶东	四　四月丁巳，为太子。
江都	四
淮南	十五
燕	二
赵	六
河间	六
中山	五　来朝。
梁	二十九　来朝。
临江	十一月乙丑，初王闵王荣元年。景帝太子，废为王。
代	十二
长沙	六　来朝。

	前149	前148
	中元年	二
楚	二　来朝。	三
鲁	六　来朝。	七
衡山	五	六
齐	五	六
城阳	二十八	二十九　来朝。
济北	三	四
菑川	十六　来朝。	十七　来朝。
胶西	六　来朝。	七
胶东	复置胶东国。	四月乙巳，初王康王寄元年。景帝子。
江都	五	六
淮南	十六	十七
燕	三	四
赵	七	八　来朝。
河间	七	八　来朝。
广川	复置广川国。	四月乙巳，惠王越元年。景帝子。
中山	六	七
清河		初置清河，都清阳。
梁	三十	三十一　来朝。
临江	二	三
代	十三	十四
长沙	七	八

前147

	三
楚	四
鲁	八
衡山	七　来朝。
齐	七
城阳	三十
济北	五
菑川	十八
胶西	八
胶东	二
江都	七
淮南	十八
燕	五　来朝。
赵	九
河间	九
广川	二
中山	八
清河	三月丁巳，哀王乘元年。景帝子。
梁	三十二
临江	四　坐侵庙壖垣为宫，自杀。国除为南郡。
代	十五　来朝。
长沙	九

	前146	前145
	四	五
楚	五	六　来朝。
鲁	九	十
衡山	八	九
齐	八	九
城阳	三十一	三十二
济北	六	七
菑川	十九	二十
胶西	九	十
胶东	三	四　来朝。
江都	八	九
淮南	十九　来朝。	二十
燕	六	七
赵	十	十一
河间	十	十一
广川	三	四
中山	九　来朝。	十
清河	二	三
常山	复置常山国。	三月丁巳，初王宪王舜元年。孝景子。
梁	三十三	三十四
济川		分为济川国。
济东		分为济东国。
山阳		分为山阳国。
济阴		分为济阴国。
代	十六	十七
长沙	十　来朝。	十一　来朝。

	前144	前143
	六	后元年
楚	七	八
鲁	十一	十二
衡山	十	十一
齐	十	十一
城阳	三十三　薨。	顷王延元年
济北	八	九
菑川	二十一	二十二　来朝。
胶西	十一	十二
胶东	五	六
江都	十	十一
淮南	二十一	二十二
燕	八	九　来朝。
赵	十二	十三　来朝。
河间	十二	十三　来朝。
广川	五	六
中山	十一	十二
清河	四	五
常山	二	三
梁	三十五　来朝。薨。	恭王买元年。孝王子。
济川	五月丙戌，初王明元年。梁孝王子。	二
济东	五月丙戌，初王彭离元年。梁孝王子。	二
山阳	五月丙戌，初王定元年。梁孝王子。	二
济阴	五月丙戌，初王不识元年。梁孝王子。	二　薨，无后，国除。
代	十八	十九
长沙	十二	十三

前142	前141	前140
二	三	孝武建元元年
九	十	十一
十三	十四	十五
十二	十三	十四
十二　来朝。	十三	十四
二	三	四
十　来朝。	十一	十二
二十三	二十四	二十五
十三	十四	十五
七	八　来朝。	九
十二	十三	十四
二十三	二十四	二十五
十　来朝。	十一	十二
十四	十五	十六
十四	十五	十六
七	八	九
十三	十四	十五
六	七	八
四	五	六
二	三	四
三	四	五
三	四	五
三	四	五
二十	二十一	二十二
十四	十五	十六

	前139	前138
	二	三
楚	十二　来朝。	十三
鲁	十六　来朝。	十七
衡山	十五	十六
齐	十五	十六
城阳	五	六
济北	十三	十四
菑川	二十六	二十七
胶西	十六	十七
胶东	十	十一
江都	十五	十六
淮南	二十六　来朝。	二十七
燕	十三	十四
赵	十七	十八
河间	十七	十八
广川	十	十一
中山	十六	十七　来朝。
清河	九　来朝。	十
常山	七	八
梁	五	六
济川	六	七　明杀中傅。废迁房陵。
济东	六	七
山阳	六	七
代	二十三	二十四　来朝。
长沙	十七	十八　来朝。

前137	前136
四	五
十四	十五
十八	十九
十七	十八
十七	十八
七	八
十五	十六
二十八	二十九
十八	十九
十二	十三
十七　来朝。	十八
二十八	二十九
十五	十六
十九	二十
十九	二十
十二	缪王元年
十八	十九
十一	十二　薨，无后，国除为郡。
九　来朝。	十
七　薨。	平王襄元年
为郡。	
八	九
八	九　薨，无后，国除为郡。
二十五	二十六
十九	二十

	前135	前134	前133
	六	元光元年	二
楚	十六	十七	十八　来朝。
鲁	二十	二十一	二十二
衡山	十九	二十	二十一
齐	十九	二十	二十一
城阳	九	十　来朝。	十一
济北	十七	十八	十九
菑川	三十	三十一	三十二
胶西	二十　来朝。	二十一	二十二
胶东	十四	十五　来朝。	十六
江都	十九	二十	二十一
淮南	三十	三十一	三十二
燕	十七	十八　来朝。	十九
赵	二十一　来朝。	二十二	二十三
河间	二十一	二十二	二十三
广川	二	三	四
中山	二十	二十一	二十二　来朝。
常山	十一	十二	十三
梁	二	三	四
济东	十	十一	十二
代	二十七	二十八	二十九
长沙	二十一	二十二	二十三　来朝。

前132	前131	前130
三	四	五
十九　来朝。	二十	二十一
二十三	二十四	二十五
二十二	二十三	二十四
二十二　卒。	厉王次昌元年	二
十二	十三	十四　来朝。
二十	二十一	二十二
三十三	三十四	三十五　薨。
二十三	二十四	二十五
十七	十八	十九
二十二	二十三	二十四
三十三	三十四	三十五
二十	二十一	二十二
二十四	二十五	二十六
二十四	二十五	二十六　来朝。
五	六	七
二十三　来朝。	二十四	二十五
十四	十五	十六
五	六	七
十三	十四　来朝。	十五
王义元年	二	三
二十四　来朝。	二十五	二十六

	前129	前128
	六	元朔元年
楚	二十二　薨。	襄王注元年
鲁	二十六　薨。	安王光元年
衡山	二十五	二十六
齐	三	四
城阳	十五	十六
济北	二十三	二十四　来朝。
菑川	靖王建元年	二
胶西	二十六	二十七
胶东	二十	二十一
江都	二十五	二十六
淮南	三十六	三十七
燕	二十三	二十四　坐禽兽行自杀。国除为郡。
赵	二十七　来朝。	二十八
河间	恭王不害元年	二
广川	八	九
中山	二十六	二十七
常山	十七	十八
梁	八	九
济东	十六	十七
代	四	五
长沙	二十七	康王庸元年

前127	前126	前125
二	三	四
二	三	四　来朝。
二	三	四
二十七	二十八	二十九
五　薨，无后，国除为郡。		
十七	十八	十九
二十五	二十六	二十七
三	四	五
二十八　来朝。	二十九	三十
二十二	二十三	二十四
王建元年	二	三
三十八	三十九	四十
二十九	三十	三十一
三	四　薨。	刚王堪元年
十	十一	十二
二十八	二十九　来朝。	三十
十九	二十	二十一
十　来朝。	十一	十二
十八	十九	二十　来朝。
六	七	八
二	三	四

	前124	前123	前122
	五	六	元狩元年
楚	五	六	七
鲁	五	六	七
衡山	三十	三十一	三十二　反，自杀，国除。
城阳	二十	二十一　来朝。	二十二
济北	二十八	二十九	三十
菑川	六	七	八
胶西	三十一	三十二	三十三
胶东	二十五　来朝。	二十六	二十七
江都	四	五	六
淮南	四十一　安有罪，削国二县。	四十二	四十三　反，自杀。
赵	三十二	三十三	三十四　来朝。
河间	二	三	四
广川	十三	十四　来朝。	十五
中山	三十一	三十二	三十三
常山	二十二　来朝。	二十三	二十四
梁	十三	十四	十五
济东	二十一	二十二	二十三
代	九	十	十一
长沙	五	六	七

	二
楚	八
鲁	八　来朝。
城阳	二十三
济北	三十一
菑川	九
胶西	三十四
胶东	二十八
江都	七　反，自杀，国除为广陵郡。
六安	置六安国，以故陈为都。七月丙子。初王恭王庆元年。胶东王子。
赵	三十五
河间	五
广川	十六
中山	三十四
常山	二十五
梁	十六
济东	二十四
代	十二　来朝。
长沙	八　来朝。

	前120	前119
	三	四
楚	九	十　来朝。
鲁	九	十
城阳	二十四	二十五
济北	三十二　来朝。	三十三
菑川	十	十一
胶西	三十五	三十六
胶东	哀王贤元年	二
六安	二	三
赵	三十六	三十七
河间	六	七
广川	十七	十八
中山	三十五　来朝。	三十六
常山	二十六	二十七
梁	十七	十八
济东	二十五	二十六　来朝。
代	十三	十四
长沙	九	十

	前118	前117
	五	六
楚	十一	十二
鲁	十一	十二
齐	复置齐国。	四月乙巳，初王怀王闳元年。武帝子。
城阳	二十六　来朝。薨。	敬王义元年
济北	三十四	三十五
菑川	十二　来朝。	十三
胶西	三十七	三十八
胶东	三	四
广陵	更为广陵国。	四月乙巳，初王胥元年。武帝子。
六安	四	五
燕	复置燕国。	四月乙巳，初王剌王旦元年。武帝子。
赵	三十八	三十九
河间	八	九　来朝。
广川	十九	二十
中山	三十七	三十八
常山	二十八	二十九　来朝。
梁	十九	二十
济东	二十七	二十八
代	十五	十六
长沙	十一	十二

	前116	前115
	元鼎元年	二
楚	十三	十四　薨。
鲁	十三	十四　来朝。
齐	二	三
城阳	二	三
济北	三十六	三十七
菑川	十四	十五
胶西	三十九	四十
胶东	五	六
广陵	二	三
六安	六	七
燕	二	三
赵	四十	四十一
河间	十	十一
广川	二十一　来朝。	二十二
中山	三十九	四十
常山	三十	三十一
梁	二十一	二十二
济东	二十九　剽攻杀人，迁上庸，国为大河郡。	
代	十七	十八　来朝。
长沙	十三	十四

	前114
	三
楚	节王纯元年
鲁	十五
泗水	初置泗水，都郯。
齐	四
城阳	四
济北	三十八
菑川	十六
胶西	四十一
胶东	七
广陵	四
六安	八
燕	四
赵	四十二
河间	十二　薨。
广川	二十三
中山	四十一　来朝。
清河	复置清河国。
常山	三十二　薨，子为王。
梁	二十三
代	十九　徙清河。为太原郡。
长沙	十五　来朝。

	前113	前112
	四	五
楚	二	三
鲁	十六	十七
泗水	思王商元年　商，常山宪王子。	二
齐	五	六
城阳	五	六
济北	三十九	四十
菑川	十七	十八
胶西	四十二	四十三
胶东	八	九
广陵	五	六
六安	九	十
燕	五	六
赵	四十三	四十四
河间	顷王授元年	二
广川	二十四	二十五　来朝。
中山	四十二　薨。	哀王昌元年。即年薨。
清河	二十　代王义徙清河年。是为刚王。	二十一
真定	更为真定国。顷王平元年。常山宪王子。	二
梁	二十四	二十五
长沙	十六	十七

前111	前110	前109
六	元封元年	二
四	五	六
十八	十九	二十
三	四	五
七	八　薨，无后，国除为郡。	
七	八　来朝。	九　薨。
四十一　来朝。	四十二	四十三
十九	二十	顷王遗元年
四十四	四十五	四十六
十	十一	十二
七	八	九
十一　来朝。	十二	十三
七	八	九
四十五	四十六	四十七
三	四	五
二十六	二十七	二十八
康王昆侈元年	二	三
二十二	二十三	二十四
三	四　来朝。	五
二十六	二十七	二十八
十八	十九	二十

	前108	前107
	三	四
楚	七	八
鲁	二十一　来朝。	二十二
泗水	六	七
城阳	慧王武元年	二
济北	四十四	四十五
菑川	二	三
胶西	四十七　薨，无后，国除。	
胶东	十三	十四
广陵	十	十一
六安	十四	十五
燕	十	十一
赵	四十八	四十九
河间	六	七
广川	二十九	三十
中山	四	五
清河	二十五　来朝。	二十六
真定	六	七
梁	二十九	三十
长沙	二十一	二十二

前106	前105
五	六
九	十
二十三　朝泰山。	二十四
八	九
三	四
四十六　朝泰山。	四十七
四	五
戴王通平元年	二
十二	十三
十六	十七
十二	十三
五十	五十一
八	九
三十一	三十二
六	七
二十七	二十八
八	九　来朝。
三十一	三十二
二十三	二十四

	前104	前103
	太初元年	二
楚	十一	十二
鲁	二十五	二十六
泗水	十　薨。	哀王安世元年。即戴王贺元年。安世子。
城阳	五	六
济北	四十八	四十九
菑川	六	七
胶东	三	四
广陵	十四	十五
六安	十八　来朝。	十九
燕	十四	十五
赵	五十二	五十三
河间	十	十一
广川	三十三	三十四
中山	八	九　来朝。
清河	二十九	三十
真定	十	十一
梁	三十三	三十四
长沙	二十五	二十六

前102	前101
三	四
十三	十四
二十七	二十八
二	三
七	
五十	五十一
八	九
五	六
十六	十七
二十	二十一
十六	十七
五十四	五十五
十二	十三
三十五	三十六
十	十一
三十一	三十二
十二	十三
三十五	三十六　来朝。
二十七	二十八　来朝。

史记卷十八
表第六

高祖功臣侯者年表

太史公说：古时人臣的功绩有五等，凭借仁德建立宗庙、安定社稷的称为“勋”，为统治者出谋划策的称为“劳”，依靠武力的称为“功”，明确朝廷功能等级的称为“伐”，凭借日积月累形成资历的称为“阅”。封爵的誓词中说：“即使黄河窄得像衣带，泰山平得像磨刀石，封国也要永远安宁，并且要延及后代。”起初不是不想稳固他们的根本，可他们的后裔还是逐渐衰微了。

太史公曰：古者人臣功有五品，以德立宗庙定社稷曰勋，以言曰劳，用力曰功，明其等曰伐，积日曰阅。封爵之誓曰：“使河如带，泰山若厉，国以永宁，爰及苗裔。”始未尝不欲固其根本，而枝叶稍陵夷衰微也。

我读高祖给功臣封侯的史料，考察他们初次受封，以及后嗣失去侯位的原因，说：这与我所听到的传闻不一样啊！《尚书》说“各个邦国都协调和睦”，一直延续到夏、商时期，有的邦国经历几千年。周朝分封了八百个诸侯，周幽王、周厉王之后，在《春秋》上还能见到记载。《尚书》记载了唐尧、虞舜时的侯、伯，历经夏、商、周三代一千多年，仍然保全着自己的地位来拱卫天子，这难道不是因为他们笃行仁义，遵奉天子的法令吗？汉朝建

余读高祖侯功臣，察其首封，所以失之者，曰：异哉所闻！《书》曰“协和万国”，迁于夏商，或数千岁。盖周封八百，幽厉之后，见于《春秋》。《尚书》有唐虞之侯伯，历三代千有余载，自全以蕃卫天子，岂非笃于仁义，奉上法哉？汉兴，功臣受封者百有余人。天下初定，故大城名都散亡，户口可得而数者十二三，是以大

侯不过万家，小者五六百户。后数世，民咸归乡里，户益息，萧、曹、绛、灌之属或至四万，小侯自倍，富厚如之。子孙骄溢，忘其先，淫嬖，至太初百年之间，见侯五，余皆坐法陨命亡国，秏矣。罔亦少密焉，然皆身无兢兢于当世之禁云。

立后，受到封赏的功臣有一百多人。天下刚刚安定，以前那些大城名都的人口离散逃亡，可统计出来的户口只有以前的十分之二三，因此大侯的封邑不过一万户，小的五六百户。以后几代，百姓全都回归故乡，人口慢慢繁衍，萧何、曹参、周勃、灌婴这些人的后裔有的封户达到四万，小侯的封户也增加了一倍，财富的增加也是这样。这些人的子孙便骄傲自满，忘记了他们的祖先，滥施宠幸。到太初的一百年之间，保存侯爵的只有五家，其余的都因犯法而丧命亡国，全没有了。朝廷的法网也稍逐渐严密了，然而他们自身都没有小心翼翼地遵守当世的禁令。

居今之世，志古之道，所以自镜也，未必尽同。帝王者各殊礼而异务，要以成功为统纪，岂可绲乎？观所以得尊宠及所以废辱，亦当世得失之林也，何必旧闻？于是谨其终始，表见其文，颇有所不尽本末，著其明，疑者阙之。后有君子，欲推而列之，得以览焉。

生活在当今，记住古代的道理，是为了把它当作镜子来反观自身，不一定要与古代完全相同。帝王们各自针对不同的事务制定不同的礼法，总之都是以成就功业为原则，怎能完全一样呢？观察诸侯是如何得到尊宠，又是如何被废黜的，也是在看当世的政治得失，何必只看过去发生的事情呢？于是我谨慎地考察了这些事情的始末，用表格的方式展现这些文字，有些地方没能弄清本末，就记载那些明确无疑的，有疑问的就先空缺着。以后若有君子想推究列明相关事迹，可以参阅这个表。

国名	平阳
侯功	以中涓从起沛，至霸上，侯。以将军入汉，以左丞相出征齐、魏，以右丞相为平阳侯，万六百户。
高祖十二	七　六年十二月甲申，懿侯曹参元年。
孝惠七	五　其二年为相国。 二　六年十月，靖侯窋元年。
高后八	八
孝文二十三	十九 四　后四年，简侯奇元年。
孝景十六	三 十三　四年，夷侯时元年。
建元至元封六年三十六，太初元年尽后元二年十八。	十 十六　元光五年，恭侯襄元年。 元鼎三年，今侯宗元年。
侯第	二

国名	信武
侯功	以中涓从起宛朐，入汉，以骑都尉定三秦，击项羽，别定江陵，侯，五千三百户。以车骑将军攻黥布、陈豨。 布、陈豨。
高祖十二	七　六年十二月甲申，肃侯靳歙元年。
孝惠七	七
高后八	五 三　六年，夷侯亭元年。
孝文二十三	十八　后三年，侯亭坐事国人过律，夺侯，国除。
孝景十六	
建元至元封六年三十六，太初元年尽后元二年十八。	
侯第	十一

清阳	汝阴
以中涓从起丰，至霸上，为骑郎将，入汉，以将军击项羽，功侯，三千一百户。	以令史从降沛，为太仆，常奉车，为滕公，竟定天下，入汉中，全孝惠、鲁元，侯，六千九百户。常为太仆。
七　六年十二月甲申，定侯王吸元年。	七　六年十二月甲申，文侯夏侯婴元年。
七	七
八	八
七　元年，哀侯彊元年。 十六　八年，孝侯伉元年。	八 七　九年，夷侯灶元年。 八　十六年，恭侯赐元年。
四 十二　五年，哀侯不害元年。	十六
七　元光二年，侯不害薨，无后，国除。	七　元光二年，侯颇元年。 十九　元鼎二年，侯颇坐尚公主，与父御婢奸罪自杀，国除。
十四	八

国名	阳陵
侯功	以舍人从起横阳，至霸上，为骑将，入汉，定三秦。属淮阴，定齐，为齐丞相，侯，二千六百户。
高祖十二	七　六年十二月甲申，景侯傅宽元年。
孝惠七	五 二　六年，顷侯靖元年。
高后八	八
孝文二十三	十四 九　十五年，恭侯则元年。
孝景十六	三 十三　前四年，侯偃元年。
建元至元封六年三十六，太初元年尽后元二年十八。	十八　元狩元年，侯偃坐与淮南王谋反，国除。
侯第	十

广严	广平
以中涓从起沛，至霸上，为连敖，入汉，以骑将定燕、赵，得将军，侯，二千二百户。	以舍人从起丰，至霸上，为郎中，入汉，以将军击项羽、锺离眛，功侯，四千五百户。
七　六年十二月甲申，壮侯召欧元年。	七　六年十二月甲申，敬侯薛欧元年。
七	七
八	八　元年，靖侯山元年。
一 九　二年，戴侯胜元年。 十三　十一年，恭侯嘉元年。至后七年嘉薨，无后，国除。	十八 五　后三年，侯泽元年。
	八　中二年，有罪，绝。 平棘　五　中五年，复封节侯泽元年。
	十五　其十年，为丞相。 三　元朔四年，侯穰元年。元狩元年，穰受淮南王财物，称臣，在赦前，诏问谩罪，国除。
二十八	十五

国名	博阳	曲逆
侯功	以舍人从起砀，以刺客将，入汉，以都尉击项羽荥阳，绝甬道，击杀追卒，功侯。	以故楚都尉，汉王二年初从修武，为都尉，迁为护军中尉；出六奇计，定天下，侯，五千户。
高祖十二	七　六年十二月甲申，壮侯陈濞元年。	七　六年十二月甲申，献侯陈平元年。
孝惠七	七	七　其五年，为左丞相。
高后八	八	八　其元年，徙为右丞相，后专为丞相，相孝文二年。
孝文二十三	十八 五　后三年，侯始元年。	二 二　三年，恭侯买元年。 十九　五年，简侯悝元年。
孝景十六	四　前五年，侯始有罪，国除。 塞　二　中五年，复封始。后元年，始有罪，国除。	四 十二　五年，侯何元年。
建元至元封六年三十六，太初元年尽后元二年十八。		十　元光五年，侯何坐略人妻，弃市，国除。
侯第	十九	四十七

堂邑	周吕
以自定东阳，为将，属项梁，为楚柱国。四岁，项羽死，属汉，定豫章、浙江，都浙自立为王壮息，侯，千八百户。复相楚元王十一年。	以吕后兄初起以客从，入汉，为侯。还定三秦，将兵先入砀。汉王之解彭城，往从之，复发兵佐高祖定天下，功侯。
七　六年十二月甲申，安侯陈婴元年。	三　　六年正月丙戌，令武侯吕泽元年。 四　九年，子台封郦侯元年。
七	七
四 四　五年，恭侯禄元年。	
二 二十一　三年，夷侯午元年。	
十六	
十一 十三　元光六年，季须元年。元鼎元年，侯须坐母长公主卒，未除服奸，兄弟争财，当死，自杀。国除。	
八十六	

国名	建成
侯功	以吕后兄初起以客从，击三秦。汉王入汉，而释之还丰沛，奉卫吕宣王、太上皇。天下已平，封释之为建成侯。
高祖十二	七　六年正月丙戌，康侯释之元年。
孝惠七	二 五　三年，侯则元年。有罪。
高后八	胡陵　七　元年五月丙寅，封则弟大中大夫吕禄元年。 八年，禄为赵王，国除。追尊康侯为昭王。禄以赵王谋为不善，大臣诛禄，遂灭吕。
孝文二十三	
孝景十六	
建元至元封六年三十六，太初元年尽后元二年十八。	
侯第	

留	射阳
以厩将从起下邳，以韩申徒下韩国，言上张旗志，秦王恐，降。解上与项羽之郄，为汉王请汉中地，常计谋平天下，侯，万户。	兵初起，与诸侯共击秦，为楚左令尹，汉王与项羽有郄于鸿门，项伯缠解难，以破羽缠尝有功，封射阳侯。
七　六年正月丙午，文成侯张良元年。	七　六年正月丙午，侯项缠元年。赐姓刘氏。
七	二　三年，侯缠卒。嗣子睢有罪，国除。
二 六　三年，不疑元年。	
四　五年，侯不疑坐与门大夫谋杀故楚内史，当死，赎为城旦，国除。	
六十二	

国名	酂
侯功	以客初起从入汉，为丞相，备守蜀及关中，给军食，佐上定诸侯，为法令，立宗庙，侯，八千户。
高祖十二	七　六年正月丙午，文终侯萧何元年。元年，为丞相；九年，为相国。
孝惠七	二 五　三年，哀侯禄元年。
高后八	一 七　二年，懿侯同元年。同，禄弟。
孝文二十三	筑阳　十九　元年，同有罪，封何小子延元年。 一　后四年，炀侯遗元年。 三　后五年，侯则元年。
孝景十六	一　有罪。 武阳　七　前二年，封炀侯弟幽侯嘉元年。 八　中二年，侯胜元年。
建元至元封六年三十六，太初元年尽后元二年十八。	十三　元朔二年，侯胜坐不敬，绝。 酂　三　元狩三年，封何曾孙恭侯庆元年。 十　元狩六年，侯寿成元年。元封四年，寿成为太常，牺牲不如令，国除。
侯第	一

曲周
以将军从起岐，攻长社以南，别定汉中及蜀，定三秦，击项羽，侯，四千八百户。
七　六年正月丙午，景侯郦商元年。
七
八
二十三　元年，侯寄元年。
九　有罪绝。 缪　七　中三年，封商他子靖侯坚元年。
九 五　元光四年，康侯遂元年。 十一　元朔三年，侯宗元年。 二十八　元鼎二年，侯终根元年。后元二年，侯终根坐咒诅诛，国除。
六

国名	绛
侯功	以中涓从起沛，至霸上，为侯。定三秦，食邑，为将军。入汉，定陇西，击项羽，守峣关，定泗水、东海。八千一百户。
高祖十二	七　六年正月丙午，武侯周勃元年。
孝惠七	七
高后八	八　其四年为太尉。
孝文二十三	十一　元年，为右丞相，三年，免。复为丞相。 六　十二年，侯胜之元年。 条　六　后二年，封勃子亚夫元年。
孝景十六	十三　其三年，为太尉；七，为丞相。有罪，国除。 平曲　三　后元年，封勃子恭侯坚元年。
建元至元封六年三十六，太初元年尽后元二年十八。	十六 十二　元朔五年，侯建德元年。元鼎五年，侯建德坐酎金，国除。
侯第	四

舞阳	颍阴
以舍人起沛，从至霸上，为侯。入汉，定三秦，为将军，击项籍，再益封。从破燕，执韩信，侯，五千户。	以中涓从起砀，至霸上，为昌文君。入汉，定三秦，食邑。以车骑将军属淮阴，定齐、淮南及下邑，杀项籍，侯，五千户。
七　六年正月丙午，武侯樊哙元年。其七年，为将军、相国三月。	七　六年正月丙午，懿侯灌婴元年。
六 一　七年，侯伉元年。吕须子。	七
八　坐吕氏诛，族。	八
二十三　元年，封樊哙子荒侯市人元年。	四　其一，为太尉；三，为丞相。 十九　五年，平侯何元年。
六 六　七年，侯它广元年。中六年，侯它广非市人子，国除。	九 七　中三年，侯彊元年。
	六　有罪，绝。 九　元光二年，封婴孙贤为临汝侯，侯贤元年。元朔五年，侯贤行赇罪，国除。
五	九

国名	汾阴
侯功	初起以职志击破秦，入汉，出关，以内史坚守敖仓，以御史大夫定诸侯，比清阳侯，二千八百户。
高祖十二	七　六年正月丙午，悼侯周昌元年。
孝惠七	三 建平　四　四年，哀侯开方元年。
高后八	八
孝文二十三	四　前五年，侯意元年。 十三　有罪，绝。
孝景十六	安阳　八　中二年，封昌孙左车。
建元至元封六年三十六，太初元年尽后元二年十八。	建元元年，有罪，国除。
侯第	十六

梁邹
兵初起，以谒者从击破秦，入汉，以将军击定诸侯，功比博阳侯，二千八百户。
七　六年正月丙午，孝侯武儒元年。
四 三　五年，侯最元年。
八
二十三
十六
六 三　元光元年，顷侯婴齐元年。 二十　元光四年，侯山柎元年。元鼎五年，侯山柎坐酎金，国除。
二十

国名	成	蓼
侯功	兵初起，以舍人从击秦，为都尉；入汉，定三秦。出关，以将军定诸侯，功比厌次侯，二千八百户。	以执盾前元年从起砀，以左司马入汉，为将军，三以都尉击项羽，属韩信，功侯。
高祖十二	七　六年正月丙午，敬侯董渫元年。	七　六年正月丙午，侯孔藂元年。
孝惠七	七　元年，康侯赤元年。	七
高后八	八	八
孝文二十三	二十三	八 十五　九年，侯臧元年。
孝景十六	六　有罪，绝。 节氏　五　中五年，复封康侯赤元年。	十六
建元至元封六年三十六，太初元年尽后元二年十八。	三 五　建元四年，恭侯罢军元年。 十二　元光三年，侯朝元年。元狩三年，侯朝为济南太守，与成阳王女通，不敬，国除。	十四　元朔三年，侯臧坐为太常，南陵桥坏，衣冠车不得度，国除。
侯第	二十五	三十

费
以舍人前元年从起砀，以左司马入汉，用都尉属韩信，击项羽有功，为将军，定会稽、浙江、湖阳，侯。
七　六年正月丙午，圉侯陈贺元年。
七
八
二十三　元年，共侯常元年。
一 八　二年，侯偃元年。中二年，有罪，绝。 巢　四　中六年，封贺子侯最元年。后三年，最薨，无后，国除。

国名	阳夏	隆虑
侯功	以特将将卒五百人，前元年从起宛朐，至霸上，为侯，以游击将军别定代，已破臧荼，封豨为阳夏侯。	以卒从起砀，以连敖入汉，以长铍都尉击项羽，有功，侯。
高祖十二	五　六年正月丙午，侯陈豨元年。十年八月，豨以赵相国将兵守代。汉使召豨，豨反，以其兵与王黄等略代，自立为王。汉杀豨灵丘。	七　六年正月丁未，哀侯周灶元年。
孝惠七		七
高后八		八
孝文二十三		十七 六　后二年，侯通元年。
孝景十六		七　中元年，侯通有罪，国除。
建元至元封六年三十六，太初元年尽后元二年十八。		
侯第		三十四

阳都	新阳
以赵将从起邺，至霸上，为楼烦将，入汉，定三秦，别降翟王，属悼武王，杀龙且彭城，为大司马；破羽军叶，拜为将军，忠臣，侯，七千八百户。	以汉五年用左令尹初从，功比堂邑侯，千户。
七　六年正月戊申，敬侯丁复元年。	七　六年正月壬子，胡侯吕清元年。
七	三 四　四年，顷侯臣元年。
五 三　六年，趮侯宁元年。	八
九 十四　十年，侯安成元年。	六 二　七年，怀侯义元年。 十五　九年，惠侯它元年。
一　二年，侯安成有罪，国除。	四 五　五年，恭侯善元年。 七　中三年，侯谭元年。
	二十八　元鼎五年，侯谭坐酎金，国除。
十七	八十一

国名	东武	汁方
侯功	以户卫起薛，属悼武王，破秦军杠里，杨熊军曲遇，入汉，为越将军，定三秦，以都尉坚守敖仓，为将军，破籍军，功侯，二千户。	以赵将前三年从定诸侯，侯，二千五百户，功比平定侯。齿故沛豪，有力，与上有郄，故晚从。
高祖十二	七　六年正月戊午，贞侯郭蒙元年。	七　六年三月戊子，肃侯雍齿元年。
孝惠七	七	二 五　三年，荒侯巨元年。
高后八	五 三　六年，侯它元年。	八
孝文二十三	二十三	二十三
孝景十六	五　六年，侯它弃市，国除。	二 十　三年，侯野元年。 四　中六年，终侯桓元年。
建元至元封六年三十六，太初元年尽后元二年十八。		二十八　元鼎五年，终侯桓坐酎金，国除。
侯第	四十一	五十七

棘蒲	都昌
以将军前元年率将二千五百人起薛，别救东阿，至霸上，二岁十月。入汉，击齐历下军田既，功侯。	以舍人前元年从起沛，以骑队率先降翟王，虏章邯，功侯。
七　六年三月丙申，刚侯陈武元年。	七　六年三月庚子，庄侯朱轸元年。
七	七
八	八　元年，刚侯率元年。
十六　后元年，侯武薨。嗣子奇反，不得置后，国除。	七 十六　八年，夷侯诎元年。
	二　元年，恭侯偃元年。 五　三年，侯辟彊元年。中元年，辟彊薨，无后，国除。
十三	二十三

国名	武彊	贳
侯功	以舍人从至霸上，以骑将入汉。还击项羽，属丞相宁，功侯，用将军击黥布，侯。	以越户将从破秦，入汉，定三秦，以都尉击项羽，千六百户，功比台侯。
高祖十二	七　六年三月庚子，庄侯庄不识元年。	二　六年三月庚子，齐侯吕元年。 五　八年，恭侯方山元年。
孝惠七	七	七
高后八	六 二　七年，简侯婴元年。	八
孝文二十三	十七 六　后二年，侯青翟元年。	十一　元年，炀侯赤元年。 十二　十二年，康侯遗元年。
孝景十六	十六	十六
建元至元封六年三十六，太初元年尽后元二年十八。	二十五　元鼎二年，侯青翟坐为丞相与长史朱买臣等逮御史大夫汤不直，国除。	十六 八　元朔五年，侯倩元年。元鼎元年，侯倩坐杀人弃市，国除。
侯第	三十三	三十六

海阳	南安
以越队将从破秦，入汉，定三秦，以都尉击项羽，侯，千八百户。	以河南将军汉王三年降晋阳，以亚将破臧荼，侯，九百户。
七　六年三月庚子，齐信侯摇毋馀元年。	七　六年三月庚子，庄侯宣虎元年。
二 五　三年，哀侯招攘元年。	七
四 四　五年，康侯建元年。	八
二十三	八 十一　九年，共侯戎元年。 四　后四年，侯千秋元年。
三 十　四年，哀侯省元年。中六年，侯省薨，无后，国除。	七　中元年，千秋坐伤人免。
三十七	六十三

国名	肥如	曲城
侯功	以魏太仆三年初从，以车骑都尉破龙且及彭城，侯，千户。	以曲城户将卒三十七人初从起砀，至霸上，为执珪，为二队将，属悼武王，入汉，定三秦，以都尉破项羽军陈下，功侯，四千户。为将军，击燕、代，拔之。
高祖十二	七　六年三月庚子，敬侯蔡寅元年。	七　六年三月庚子，圉侯虫达逢元年。
孝惠七	七	七
高后八	八	八
孝文二十三	二 十四　三年，庄侯成元年。 七　后元年，侯奴元年。	八　元年，侯捷元年。有罪，绝。 五　后三年，复封恭侯捷元年。
孝景十六	元年，侯奴薨，无后，国除。	十三　有罪，绝。 垣　五　中五年，复封恭侯捷元年。
建元至元封六年三十六，太初元年尽后元二年十八。		一 二十五　建元二年，侯皋柔元年。元鼎三年，侯皋柔坐为汝南太守知民不用赤侧钱为赋，国除。
侯第	六十六	十八

河阳	淮阴
以卒前元年起砀从，以二队将入汉，击项羽，身得郎将处，功侯。以丞相定齐地。	兵初起，以卒从项梁，梁死属项羽，为郎中，至咸阳，亡，从入汉，为连敖典客，萧何言为大将军，别定魏、齐，为王，徙楚，坐擅发兵，废为淮阴侯。
七　六年三月庚子，庄侯陈涓元年。	五　六年四月，侯韩信元年。十一年，信谋反关中，吕后诛信，夷三族，国除。
七	
八	
三　元年，侯信元年。四年，侯信坐不偿人责过六月，夺侯，国除。	
二十九	

国名	芒	故市
侯功	以门尉前元年初起砀，至霸上，为武定君，入汉，还定三秦，以都尉击项羽，侯。	以执盾初起，入汉，为河上守，迁为假相，击项羽，侯，千户，功比平定侯。
高祖十二	三　六年，侯昭元年。九年，侯昭有罪，国除。	三　六年四月癸未，侯阎泽赤元年。 四　九年，夷侯毋害元年。
孝惠七		七
高后八		八
孝文二十三		十九 四　后四年，戴侯续元年。
孝景十六	张　十一　孝景三年，昭以故芒侯将兵从太尉亚夫击吴楚有功，复侯。 三　后元年三月，侯申元年。	四 十二　孝景五年，侯穀嗣。
建元至元封六年三十六，太初元年尽后元二年十八。	十七　元朔六年，侯申坐尚南宫公主不敬，国除。	二十八　元鼎五年，侯穀坐酎金，国除。
侯第		五十五

柳丘	魏其
以连敖从起薛，以二队将入汉，定三秦，以都尉破项籍军，为将军，侯，千户。	以舍人从沛，以郎中入汉，为周信侯，定三秦，迁为郎中骑将，破籍东城，侯，千户。
七　六年六月丁亥，齐侯戎赐元年。	七　六年六月丁亥，庄侯周定元年。
七	七
四 四　五年，定侯安国元年。	四 四　五年，侯间元年。
二十三	二十三
三 十　四年，敬侯嘉成元年。后元年，侯角嗣，有罪，国除。	二　前三年，侯间反，国除。
三十九	四十四

国名	祁
侯功	以执盾汉王三年初起从晋阳，以连敖击项籍，汉王败走，贺方将军击楚，追骑以故不得进。汉王顾谓贺祁："子留彭城，用执圭东击羽，急绝其近壁。"侯，千四百户。
高祖十二	七　六年六月丁亥，穀侯缯贺元年。
孝惠七	七
高后八	八
孝文二十三	十一 十二　十二年，顷侯湖元年。
孝景十六	五 十一　六年，侯它元年。
建元至元封六年三十六，太初元年尽后元二年十八。	八　元光二年，侯它坐从射擅罢，不敬，国除。
侯第	五十一

平	鲁
兵初起，以舍人从击秦，以郎中入汉，以将军定诸侯，守洛阳，功侯，比费侯贺，千三百户。	以舍人从起沛，至咸阳，为郎中，入汉，以将军从定诸侯，侯，四千八百户，功比舞阳侯。死事，母代侯。
六　六年六月丁亥，悼侯沛嘉元年。 一　十二年，靖侯奴元年。	七　六年中，母侯疵元年。
七	七
八	四　五年，母侯疵薨，无后，国除。
十五 八　十六年，侯执元年。	
十一　中五年，侯执有罪，国除。	
三十二	七

国名	故城（应为城父）	任
侯功	兵初起，以谒者从，入汉，以将军击诸侯，以右丞相备守淮阳，功比厌次侯，二千户。	以骑都尉汉五年从起东垣，击燕、代，属雍齿，有功，侯。为车骑将军。
高祖十二	七　六年中，庄侯尹恢元年。	七　六年，侯张越元年。
孝惠七	二 五　三年，侯开方元年。	七
高后八	二　三年，侯方夺侯，为关内侯。	二　三年，侯越坐匿死罪，免为庶人，国除。
孝文二十三		
孝景十六		
建元至元封六年三十六，太初元年尽后元二年十八。		
侯第	二十六	

棘丘	阿陵
以执盾队史前元年从起砀，破秦，以治粟内史入汉，以上郡守击定西魏地，功侯。	以连敖前元年从起单父，以塞疏入汉。还定三秦，属武悼王，以都尉示籍，功侯。
七　六年，侯襄元年。	七　六年七月庚寅，顷侯郭亭元年。
七	七
四　四年，侯襄夺侯，为士伍，国除。	八
	二 二十一　三年，惠侯欧元年。
	一 八　前二年，侯胜客元年。有罪，绝。 南　四　中六年，靖侯延居元年。
	十一 十七　元光六年，侯则元年。元鼎五年，侯则坐酎金，国除。
	二十七

国名	昌武	高苑
侯功	初起以舍人从，以郎中入汉，定三秦，以郎中将击诸侯，侯，九百八十户，比魏其侯。	初起以舍人从，入汉，定三秦，以中尉破籍，侯，千六百户，比斥丘侯。
高祖十二	七　六年七月庚寅，靖信侯单宁元年。	七　六年七月戊戌，制侯丙倩元年。
孝惠七	五 二　六年，夷侯如意元年。	七　元年，简侯得元年。
高后八	八	八
孝文二十三	二十三	十五 八　十六年，孝侯武元年。
孝景十六	十 六　中四年，康侯贾成元年。	十六
建元至元封六年三十六，太初元年尽后元二年十八。	十 四　元光五年，侯得元年。元朔三年，侯得坐伤人二旬内死，弃市，国除。	二　建元元年，侯信元年。建元三年，侯信坐出入属车间，夺侯，国除。
侯第	四十五	四十一

宣曲	绛阳
以卒从起留，以骑将入汉，定三秦，破籍军荥阳，为郎骑将，破锺离眛军固陵，侯，六百七十户。	以越将从起留，入汉，定三秦，击臧荼，侯，七百四十户。从攻马邑及布。
七　六年七月戊戌，齐侯丁义元年。	七　六年七月戊戌，齐侯华无害元年。
七	七
八	八
十 十三　十一年，侯通元年。	三 十六　四年，恭侯勃齐元年。 四　后四年，侯禄元年。
四　有罪，除。 发娄　中五年，复封侯通元年。中六年，侯通有罪，国除。	三　前四年，侯禄坐出界，有罪，国除。
四十三	四十六

国名	东茅	斥丘
侯功	以舍人从起砀，至霸上，以二队入汉，定三秦，以都尉击项羽，破臧荼，侯。捕韩信，为将军，益邑千户。	以舍人从起丰，以左司马入汉，以亚将攻籍，克敌，为东郡都尉，击破籍侯武城，为汉中尉，击布，为斥丘侯，千户。
高祖十二	七　六年八月丙辰，敬侯刘钊元年。	七　六年八月丙辰，懿侯唐厉元年。
孝惠七	七	七
高后八	八	八
孝文二十三	二　三年，侯吉元年。 十三　十六年，侯吉夺爵，国除。	八 十三　九年，恭侯鼂元年。 二　后六年，侯贤元年。
孝景十六		十六
建元至元封六年三十六，太初元年尽后元二年十八。		二十五 三　元鼎二年，侯尊元年。元鼎五年，侯尊坐酎金，国除。
侯第	四十八	四十

台	安国
以舍人从起砀，用队率入汉，以都尉击籍，籍死，转击临江，属将军贾，功侯。以将军击燕。	以客从起丰，以厩将别定东郡、南阳，从至霸上。入汉，守丰。上东，因从，战不利，奉孝惠、鲁元出睢水中，及坚守丰，封雍侯，五千户。
七　六年八月甲子，定侯戴野元年。	七　六年八月甲子，武侯王陵元年。定侯安国。
七	七　其六年，为右丞相。
八	七 一　八年，哀侯忌元年。
三 二十　四年，侯才元年。	二十三　元年，终侯游元年。
二　三年，侯才反，国除。	十六
	二十　建元元年，三月，安侯辟方元年。 八　元狩三年，侯定元年。元鼎五年，侯定坐酎金，国除。
三十五	十二

国名	乐成	辟阳
侯功	以中涓骑从起砀中，为骑将，入汉，定三秦，侯。以都尉击籍，属灌婴，杀龙且，更为乐成侯，千户。	以舍人初起，侍吕后、孝惠沛三岁十月，吕后入楚，食其从一岁，侯。
高祖十二	七　六年八月甲子，节侯丁礼元年。	七　六年八月甲子，幽侯审食其元年。
孝惠七	七	七
高后八	八	八
孝文二十三	四 十八　五年，夷侯马从元年。 一　后七年，武侯客元年。	三 二十　四年，侯平元年。
孝景十六	十六	二　三年，平坐反，国除。
建元至元封六年三十六，太初元年尽后元二年十八。	二十五 三　元鼎二年，侯义元年。元鼎五年，侯义坐言五利侯不道，弃市，国除。	
侯第	四十二	五十九

安平	蒯成
以谒者汉王三年初从，定诸侯，有功。秋举萧何，功侯，二千户。	以舍人从起沛，至霸上，侯。入汉，定三秦，食邑池阳。击项羽军荥阳，绝甬道，从出，度平阴，遇淮阴侯军襄国。楚汉约分鸿沟，以緤为信，战不利，不敢离上，侯，三千三百户。
七　六年八月甲子，敬侯谔千秋元年。	七　六年八月甲子，尊侯周緤元年。十二年十月乙未，定蒯成。
二 五　孝惠三年，简侯嘉元年。	七
七 一　八年，顷侯应元年。	八
十三 十　十四年，炀侯寄元年。	五　緤薨，子昌代。有罪，绝，国除。
十五 一　后三年，侯但元年。	郸　一　中元年，封緤子康侯应元年。 八　中二年，侯中居元年。
十八　元狩元年，坐与淮南王女陵通，遗淮南书称臣尽力，弃市，国除。	二十六　元鼎三年，居坐为太常有罪，国除。
六十一	二十二

国名	北平	高胡
侯功	以客从起阳武，至霸上，为常山守，得陈馀，为代相，徙赵相，侯。为计相四岁，淮南相十四岁。千三百户。	以卒从起杠里，入汉，以都尉击籍，以都尉定燕，侯，千户。
高祖十二	七　六年八月丁丑，文侯张仓元年。	七　六年中，侯陈夫乞元年。
孝惠七	七	七
高后八	八	八
孝文二十三	二十三　其四为丞相。五岁罢。	四　五年，殇侯程嗣。薨，无后，国除。
孝景十六	五 八　六年，康侯奉元年。 三　后元年，侯预元年。	
建元至元封六年三十六，太初元年尽后元二年十八。	四　建元五年，侯预坐临诸侯丧后，不敬，国除。	
侯第	六十五	八十二

厌次	平皋
以慎将前元年从起留，入汉，以都尉守广武，功侯。	项它，汉六年以砀郡长初从，赐姓为刘氏；功比戴侯彭祖，五百八十户。
七　六年中，侯元顷元年。	六　七年十月癸亥，炀侯刘它元年。
七	四 三　五年，恭侯远元年。
八	八
五　元年，侯贺元年。六年，侯贺谋反，国除。	二十三
	十六　元年，节侯光元年。
	二十八　建元元年，侯胜元年。元鼎五年，侯胜坐酎金，国除。
二十四	百二十一

国名	复阳
侯功	以卒从起薛，以将军入汉，以右司马击项籍，侯，千户。
高祖十二	六　七年十月甲子，刚侯陈胥元年。
孝惠七	七
高后八	八
孝文二十三	十 十三　十一年，恭侯嘉元年。
孝景十六	五 十一　六年，康侯拾元年。
建元至元封六年三十六，太初元年尽后元二年十八。	十二 七　元朔元年，侯彊元年。元狩二年，坐父拾非嘉子，国除。
侯第	四十九

阳河（应为阳阿）
以中谒者从入汉，以郎中骑从定诸侯，侯，五百户，功比高胡侯。
三　七年十月甲子，齐哀侯元年。 三　十年，侯安国元年。
七
八
二十三
十 六　中四年，侯午元年。中绝。
二十七 埤山　三　元鼎四年，恭侯章元年。 二十　元封元年，侯仁元年。征和三年十月，仁与母坐祝诅，大逆无道，国除。
八十三

国名	朝阳	棘阳
侯功	以舍人从起薛，以连敖入汉，以都尉击项羽，后攻韩王信，侯，千户。	以卒从起胡陵，入汉，以郎将迎左丞相军以击诸侯，侯，千户。
高祖十二	六　七年三月壬寅，齐侯华寄元年。	六　七年七月丙申，庄侯杜得臣元年。
孝惠七	七	七
高后八	八　元年，文侯要元年。	八
孝文二十三	十三 十　十四年，侯当元年。	五 十八　六年，质侯但元年。
孝景十六	十六	十六
建元至元封六年三十六，太初元年尽后元二年十八。	十三　元朔二年，侯当坐教人上书枉法罪，国除。	九 七　元光四年，怀侯武元年。元朔五年，侯武薨，无后，国除。
侯第	六十九	八十一

涅阳	平棘
以骑士汉王二年从出关，以郎将击斩项羽，侯，千五百户，比杜衍侯。	以客从起亢父，斩章邯所署蜀守，用燕相侯，千户。
六　七年中，庄侯吕胜元年。	六　七年中，懿侯执元年。
七	七
八	七 一　八年，侯辟彊元年。
四　五年，庄侯子成实非子，不当为侯，国除。	五　六年，侯辟彊有罪，为鬼薪，国除。
百四	六十四

国名	龚颉	深泽
侯功	以高祖兄子从军，击反韩王信，为郎中将。信母尝有罪高祖微时，太上怜之，故封为龚颉侯。	以赵将汉王三年降，属淮阴侯，定赵、齐、楚，以击平城，侯，七百户。
高祖十二	六　七年中，侯刘信元年。	五　八年十月癸丑，齐侯赵将夜元年。
孝惠七	七	七
高后八	元年，信有罪，削爵一级，为关内侯。	一　夺，绝。三年复封，一年绝。
孝文二十三		四　十四年，复封将夜元年。 六　后二年，戴侯头元年。
孝景十六		二 七　三年，侯循元年。罪，绝。 更　五　中五年，封头子夷侯胡元年。
建元至元封六年三十六，太初元年尽后元二年十八。		十六　元朔五年，夷侯胡薨，无后，国除。
侯第		九十八

柏至	中水
以骈怜从起昌邑，以说卫入汉，以中尉击籍，侯，千户。	以郎中骑将汉王元年从起好畤，以司马击龙且，后共斩项羽，侯，千五百户。
六　七年十月戊辰，靖侯许温元年。	六　七年正月己酉，庄侯吕马童元年。
七	七
一　二年，有罪，绝。 六　三年，复封温如故。	八
十四　元年，简侯禄元年。 九　十五年，哀侯昌元年。	九 三　十年，夷侯假元年。 十一　十三年，共侯青肩元年。
十六	十六
七 十三　元光二年，共侯安如元年。 五　元狩三年，侯福元年。元鼎二年，侯福有罪，国除。	五 一　建元六年，靖侯德元年。 二十三　元光元年，侯宜成元年。元鼎五年，宜成坐酎金，国除。
五十八	百一

国名	杜衍	赤泉
侯功	以郎中骑汉王三年从起下邳，属淮阴，从灌婴共斩项羽，侯，千七百户。	以郎中骑汉王二年从起杜，属淮阴，后从灌婴共斩项羽，侯，千九百户。
高祖十二	六　七年正月己酉，庄侯王翳元年。	六　七年正月己酉，庄侯杨喜元年。
孝惠七	七	七
高后八	五 三　六年，共侯福元年。	元年，夺，绝。 七　二年，复封。
孝文二十三	四 七　五年，侯市臣元年。 十二　十二年，侯翕元年。	十一 十二　十二年，定侯殷元年。
孝景十六	十二　有罪，绝。 三　后元年，复封翳子彊侯郢人元年。	三 六　四年，侯无害元年。有罪，绝。 临汝　五　中五年，复封侯无害元年。
建元至元封六年三十六，太初元年尽后元二年十八。	九 十二　元光四年，侯定国元年。元狩四年，侯定国有罪，国除。	七　元光二年，侯无害有罪，国除。
侯第	百二	百三

栒	武原
以燕将军汉王四年从曹咎军，为燕相，告燕王荼反，侯，以燕相国定卢奴，千九百户。	汉七年以梁将军初从，击韩信、陈豨、黥布，功侯，二千八百户，功比高陵。
五　八年十月丙辰，顷侯温疥元年。	五　八年十二月丁未，靖侯卫胠元年。
七	三 四　四年，共侯寄元年。
八	八
五 十七　六年，文侯仁元年。 一　后七年，侯河元年。	二十三
十　中四年，侯河有罪，国除。	三 十三　四年，侯不害元年。后二年，不害坐葬过律，国除。
九十一	九十三

国名	磨	稾
侯功	以赵卫将军汉王三年从起卢奴，击项羽敖仓下，为将军，攻臧荼有功，侯，千户。	高帝七年为将军从击代陈豨有功，侯，六百户。
高祖十二	五　八年七月癸酉，简侯程黑元年。	五　八年十二月丁未，祗侯陈错元年。
孝惠七	七	二 五　三年，怀侯婴元年。
高后八	二 六　三年，孝侯釐元年。	八
孝文二十三	十六 七　后元年，侯灶元年。	六 十四　七年，共侯应元年。 三　后五年，侯安元年。
孝景十六	七　中元年，灶有罪，国除。	十六
建元至元封六年三十六，太初元年尽后元二年十八。		十二 七　不得，千秋父。 九　元狩二年，侯千秋元年。元鼎五年，侯千秋坐酎金，国除。
侯第	九十二	百二十四

宋子	猗氏
以汉三年以赵羽林将初从，击定诸侯，功比磨侯，五百四十户。	以舍人从起丰，入汉，以都尉击项羽，侯，二千四百户。
四　八年十二月丁卯，惠侯许瘛元年。 一　十二年，共侯不疑元年。	五　八年三月丙戌，敬侯陈遬元年。
七	六 一　七年，靖侯交元年。
八	八
九 十四　十年，侯九元年。	二十三
八　中二年，侯九坐买塞外禁物罪，国除。	二 三年，顷侯差元年。薨，无后，国除。
九十九	五十

国名	清	彊
侯功	以弩将初起，从入汉，以都尉击项羽、代，侯，比彭侯，千户。	以客吏初起，从入汉，以都尉击项羽、代，侯，比彭侯，千户。
高祖十二	五　八年三月丙戌，简侯空中元年。	三　八年三月丙戌，简侯留胜元年。 二　十一年，戴侯章元年。
孝惠七	七　元年，顷侯圣元年。	七
高后八	八	八
孝文二十三	七 十六　八年，康侯鲋元年。	十二 二　十三年，侯服元年。十五年，侯服有罪，国除。
孝景十六	十六	
建元至元封六年三十六，太初元年尽后元二年十八。	二十 七　元狩三年，恭侯石元年。 一　元鼎四年，侯生元年。元鼎五年，生坐酎金，国除。	
侯第	七十一	七十二

彭	吴房
以卒从起薛，以弩将入汉，以都尉击项羽、代，侯，千户。	以郎中骑将汉王元年从起下邽，击阳夏，以都尉斩项羽，有功，侯，七百户。
五　八年三月丙戌，简侯秦同元年。	五　八年三月辛卯，庄侯杨武元年。
七	七
八	八
二 二十一　三年，戴侯执元年。	十二 十一　十三年，侯去疾元年。
二 十一　三年，侯武元年。后元年，侯武有罪，国除。	十四　后元年，去疾有罪，国除。
七十	九十四

国名	甯	昌
侯功	以舍人从起砀，入汉，以都尉击臧荼功侯，千户。	以齐将汉王四年从淮阴侯起无盐，定齐，击籍及韩王信于代，侯，千户。
高祖十二	五　八年四月辛卯，庄侯魏选元年。	五　八年六月戊申，圉侯卢卿元年。
孝惠七	七	七
高后八	八	八
孝文二十三	十五 八　十六年，恭侯连元年。	十四 九　十五年，侯通元年。
孝景十六	三　元年，侯指元年。四年，侯指坐出国界，有罪，国除。	二　三年，侯通反，国除。
建元至元封六年三十六，太初元年尽后元二年十八。		
侯第	七十八	百九

共	阏氏
以齐将汉王四年从淮阴侯起临淄，击籍及韩王信于平城，有功，侯，千二百户。	以代太尉汉王三年降，为雁门守，以特将平代反寇，侯，千户。
五　八年六月壬子，庄侯卢罢师元年。	四　八年六月壬子，节侯冯解敢元年。 一　十二年，恭侯它元年。
七	薨，无后，绝。
八	
六 八　七年，惠侯党元年。 五　十五年，怀侯商元年。后四年，侯商薨，无后，国除。	十四　二年，封恭侯遗腹子文侯遗元年。 八　十六年，恭侯胜之元年。
	五 十一　前六年，侯平元年。
	二十八　元鼎五年，侯平坐酎金，国除。
百十四	百

国名	安丘	合阳
侯功	以卒从起方与，属魏豹；二岁五月，以执铍入汉，以司马击籍，以将军定代，侯，三千户。	高祖兄。兵初起，侍太公守丰，天下已平，以六年正月立仲为代王。高祖八年，匈奴攻代，王弃国亡，废为合阳侯。
高祖十二	五　八年七月癸酉，懿侯张说元年。	五　八年九月丙子，侯刘仲元年。
孝惠七	七	二　仲子濞，为吴王。以子吴王故，尊仲谥为代顷侯。
高后八	八	
孝文二十三	十二 十一　十三年，恭侯奴元年。	
孝景十六	二 一　三年，敬侯执元年。 十三　四年，康侯䜣元年。	
建元至元封六年三十六，太初元年尽后元二年十八。	十八 九　元狩元年，侯指元年。元鼎四年，侯指坐入上林谋盗鹿，国除。	
侯第	六十七	

襄平	龙
兵初起，纪成以将军从击破秦，入汉，定三秦，功比平定侯。战好畤，死事。子通袭成功，侯。	以卒从，汉王元年起霸上，以谒者击籍，斩曹咎，侯，千户。
五　八年后九月丙午，侯纪通元年。	五　八年后九月己未，敬侯陈署元年。
七	七
八	六 二　七年，侯坚元年。
二十三	十六　后元年，侯坚夺侯，国除。
九 七　中三年，康侯相夫元年。	
十二 十九　元朔元年，侯夷吾元年。元封元年，夷吾薨，无后，国除。	
五十六	八十四

国名	繁	陆梁
侯功	以赵骑将从，汉三年，从击诸侯，侯，比吴房侯，千五百户。	诏以为列侯，自置吏，受令长沙王。
高祖十二	四　九年十一月壬寅，庄侯彊瞻元年。	三　九年三月丙辰，侯须毋元年。 一　十二年，共侯桑元年。
孝惠七	四 三　五年，康侯眴独元年。	七
高后八	八	八
孝文二十三	二十三	十八 五　后三年，康侯庆忌元年。
孝景十六	三 六　四年，侯寄元年。 七　中三年，侯安国元年。	十六　元年，侯冉元年。
建元至元封六年三十六，太初元年尽后元二年十八。	十八　元狩元年，安国为人所杀，国除。	二十八　元鼎五年，侯冉坐酎金，国除。
侯第	九十五	百三十七

高京	离
周苛起兵，以内史从，击破秦，为御史大夫，入汉，围取诸侯，坚守荥阳，功比辟阳。苛以御史大夫死事。子成为后，袭侯。	失此侯始所起及所绝。
四　九年四月戊寅，侯周成元年。	九年四月戊寅，邓弱元年。
七	
八	
二十　后五年，坐谋反，系死，国除，绝。	
绳　中元年，封成孙应元年。侯平嗣，不得元年。	
元狩四年，平坐为太常不缮治园陵，不敬，国除。	
六十	

国名	义陵
侯功	以长沙柱国侯，千五百户。
高祖十二	四　九年九月丙子，侯吴程元年。
孝惠七	三 四　四年，侯种元年。
高后八	六　七年，侯种薨，无后，国除。皆失谥。
孝文二十三	
孝景十六	
建元至元封六年三十六，太初元年尽后元二年十八。	
侯第	百三十四

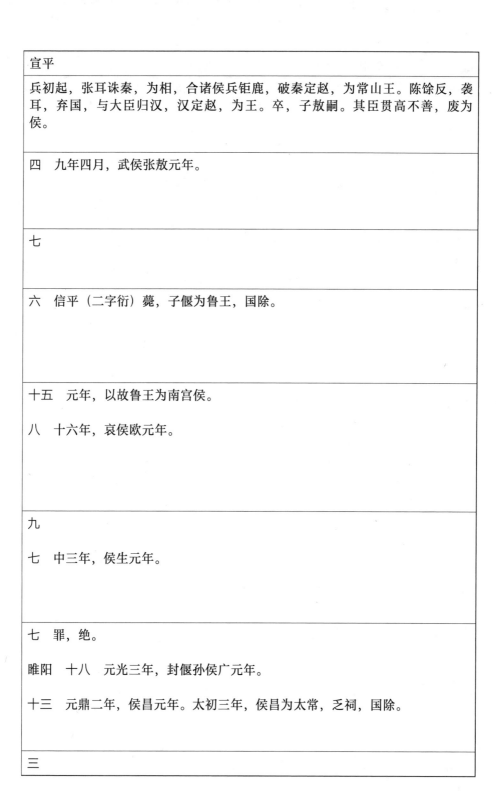

宣平
兵初起，张耳诛秦，为相，合诸侯兵钜鹿，破秦定赵，为常山王。陈馀反，袭耳，弃国，与大臣归汉，汉定赵，为王。卒，子敖嗣。其臣贯高不善，废为侯。
四　九年四月，武侯张敖元年。
七
六　信平（二字衍）薨，子偃为鲁王，国除。
十五　元年，以故鲁王为南宫侯。 八　十六年，哀侯欧元年。
九 七　中三年，侯生元年。
七　罪，绝。 睢阳　十八　元光三年，封偃孙侯广元年。 十三　元鼎二年，侯昌元年。太初三年，侯昌为太常，乏祠，国除。
三

国名	东阳	开封
侯功	高祖六年，为中大夫，以河间守击陈豨力战，功侯，千三百户。	以右司马汉王五年初从，以中尉击燕，定代，侯，比共侯，二千户。
高祖十二	二　十一年十二月癸巳，武侯张相如元年。	一　十一年十二月丙辰，闵侯陶舍元年。 一　十二年，夷侯青元年。
孝惠七	七	七
高后八	八	八
孝文二十三	十五 五　十六年，共侯殷元年。 三　后五年，戴侯安国元年。	二十三
孝景十六	三 十三　四年，哀侯彊元年。	九　景帝时，为丞相。 七　中三年，节侯偃元年。
建元至元封六年三十六，太初元年尽后元二年十八。	建元元年，侯彊薨，无后，国除。	十 十八　元光五年，侯睢元年。元鼎五年，侯睢坐酎金，国除。
侯第	百十八	百十五

沛	慎阳
高祖兄合阳侯刘仲子，侯。	为淮阴舍人，告淮阴侯信反，侯，二千户。
一　十一年十二月癸巳，侯刘濞元年。十二年十月辛丑，侯濞为吴王，国除。	二　十一年十二月甲寅，侯栾说元年。
	七
	八
	二十三
	十二 四　中六年，靖侯愿之元年。
	二十二　建元元年，侯买之元年。元狩五年，侯买之坐铸白金弃市，国除。
	百三十一

国名	禾成	堂阳
侯功	以卒汉五年初从，以郎中击代，斩陈豨，侯，千九百户。	以中涓从起沛，以郎入汉，以将军击籍，为惠侯。坐守荥阳降楚免，后复来，以郎击籍，为上党守，击豨，侯，八百户。
高祖十二	二　十一年正月己未，孝侯公孙耳元年。	二　十一年正月己未，哀侯孙赤元年。
孝惠七	七	七
高后八	八	八　元年，侯德元年。
孝文二十三	四 九　五年，怀侯渐元年。十四年，侯渐薨，无后，国除。	二十三
孝景十六		十二　中六年，侯德有罪，国除。
建元至元封六年三十六，太初元年尽后元二年十八。		
侯第	百十七	七十七

祝阿	长修
以客从起啮桑，以上队将入汉，以将军定魏太原，破井陉，属淮阴侯，以缶度军击籍及攻豨，侯，八百户。	以汉二年用御史初从出关，以内史击诸侯，功比须昌侯，以廷尉死事，千九百户。
二　十一年正月己未，孝侯高邑元年。	二　十一年正月丙辰，平侯杜恬元年。
七	二 五　三年，怀侯中元年。
八	八
四 十四　五年，侯成元年。后三年，侯成坐事国人过律，国除。	四 十九　五年，侯喜元年。
	八　罪绝。 阳平　五　中五年，复封；侯相夫元年。
	三十三　元封四年，侯相夫坐为太常与乐令无可当郑舞人擅繇不如令，阑出函谷关，国除。
七十四	百八

国名	江邑	营陵
侯功	以汉五年为御史，用奇计徙御史大夫周昌为赵相而代之，从击陈豨，功侯，六百户。	以汉三年为郎中，击项羽，以将军击陈豨，得王黄，为侯。与高祖疏属刘氏，世为卫尉。万二千户。
高祖十二	二　十一年正月辛未，侯赵尧元年。	二　十一年，侯刘泽元年。
孝惠七	七	七
高后八	元年，侯尧有罪，国除。	五　六年，侯泽为琅邪王，国除。
孝文二十三		
孝景十六		
建元至元封六年三十六，太初元年尽后元二年十八。		
侯第		八十八

土军	广阿
高祖六年为中地守，以廷尉击陈豨，侯，千二百户。就国，后为燕相。	以客从起沛，为御史，守丰二岁，击籍，为上党守，陈豨反，坚守，侯，千八百户。后迁御史大夫。
二　十一年二月丁亥，武侯宣义元年。	二　十一年二月丁亥，懿侯任敖元年。
五 二　六年，孝侯莫如元年。	七
八	八
二十三	二 一　三年，夷侯竟元年。 二十　四年，敬侯但元年。
二 十四　三年，康侯平元年。	十六
五 八　建元六年，侯生元年。元朔二年，生坐与人妻奸罪，国除。	四 二十一　建元五年，侯越元年。元鼎二年，侯越坐为太常庙酒酸，不敬，国除。
百二十二	八十九

国名	须昌
侯功	以谒者汉王元年初起汉中，雍军塞陈，谒上，上计欲还，衍言从他道，道通，后为河间守，陈豨反，诛都尉相如，功侯，千四百户。
高祖十二	二　十一年二月己酉，贞侯赵衍元年。
孝惠七	七
高后八	八
孝文二十三	十五 四　十六年，戴侯福元年。 四　后四年，侯不害元年。
孝景十六	四　五年，侯不害有罪，国除。
建元至元封六年三十六，太初元年尽后元二年十八。	
侯第	百七

临辕	汲
初起从为郎，以都尉守蕲城，以中尉侯，五百户。	高祖六年为太仆，击代豨，有功，侯，千二百户。为赵太傅。
二　十一年二月乙酉，坚侯戚鳃元年。	二　十一年二月己巳，终侯公上不害元年。
四 三　五年，夷侯触龙元年。	一 六　二年，夷侯武元年。
八	八
二十三	十三 十　十四年，康侯通元年。
三 十三　四年，共侯忠元年。	十六
三 二十五　建元四年，侯贤元年。元鼎五年，侯贤坐酎金，国除。	一 九　建元二年，侯广德元年。元光五年，广德坐妻精大逆罪，颇连广德，弃市，国除。
百十六	百二十三

国名	宁陵	汾阳
侯功	以舍人从陈留，以郎入汉，破曹咎成皋，为上解随马，以都尉击陈豨，功侯，千户。	以郎中骑千人前二年从起阳夏，击项羽，以中尉破锺离眛，功侯。
高祖十二	二　十一年二月辛亥，夷侯吕臣元年。	二　十一年二月辛亥，侯靳彊元年。
孝惠七	七	七
高后八	八	二 六　三年，共侯解元年。
孝文二十三	十 十三　十一年，戴侯射元年。	二十三
孝景十六	三 一　四年，惠侯始元年。五年，侯始薨，无后，国除。	四 十二　五年，康侯胡元年。绝。
建元至元封六年三十六，太初元年尽后元二年十八。		江邹　十九　元鼎五年，侯石元年。太始四年五月丁卯，侯石坐为太常，行太仆事，治啬夫可年，益纵年，国除。
侯第	七十三	九十六

戴	衍
以卒从起沛，以卒开沛城门，为太公仆；以中厩令击豨，侯，千二百户。	以汉二年为燕令，以都尉下楚九城，坚守燕，侯，九百户。
二　十一年三月癸酉，敬侯彭祖元年。	二　十一年七月乙巳，简侯翟盱元年。
七	七
二 六　三年，共侯悼元年。	三 二　四年，祗侯山元年。 三　六年，节侯嘉元年。
七 十六　八年，夷侯安国元年。	二十三
十六	十六
十六 十二　元朔五年，侯安期元年。 二十五　元鼎五年，侯蒙元年。后元元年五月甲戌，坐祝诅，无道，国除。	二 十　建元三年，侯不疑元年。元朔元年，不疑坐挟诏书论罪，国除。
百二十六	百三十

国名	平州	中牟
侯功	汉王四年，以燕相从击籍，还击荼，以故二千石将为列侯，千户。	以卒从起沛，入汉，以郎中击布，功侯，二千三百户。始高祖微时，有急，给高祖一马，故得侯。
高祖十二	二　十一年八月甲辰，共侯昭涉掉尾元年。	一　十二年十月乙未，共侯单父圣元年。
孝惠七	七	七
高后八	八	八
孝文二十三	一 三　二年，戴侯福元年。 四　五年，怀侯它人元年。 十五　九年，孝侯马童元年。	七 五　八年，敬侯缯元年。 十一　十三年，戴侯终根元年。
孝景十六	十四 二　后二年，侯昧元年。	十六
建元至元封六年三十六，太初元年尽后元二年十八。	二十三　元狩五年，侯昧坐行驰道中更呵驰去罪，国除。	十 十八　元光五年，侯舜元年。元鼎五年，侯舜坐酎金，国除。
侯第	百十一	百二十五

邵	博阳
以故群盗长为临江将，已而为汉击临江王及诸侯，破布，功侯，千户。	以卒从起丰，以队卒入汉，击籍成皋，有功，为将军，布反，定吴郡，侯，千四百户。
一　十二年十月戊戌，庄侯黄极中元年。	一　十二年十月辛丑，节侯周聚元年。
七	七
八	八
十一 九　十二年，庆侯荣盛元年。 三　后五年，共侯明元年。	八 十五　九年，侯遬元年。
十六	十一　中五年，侯遬夺爵一级，国除。
十六 八　元朔五年，侯遂元年。元鼎元年，遂坐卖宅县官故贵，国除。	
百十三	五十三

国名	阳义	下相
侯功	以荆令尹汉王五年初从，击锺离眛及陈公利几，破之，徙为汉大夫，从至陈，取韩信，还为中尉，从击布，功侯，二千户。	以客从起沛，用兵从击破齐田解军，以楚丞相坚守彭城，距布军，功侯，二千户。
高祖十二	一　十二年十月壬寅，定侯灵常元年。	一　十二年十月己酉，庄侯冷耳元年。
孝惠七	七	七
高后八	六 二　七年，共侯贺元年。	八
孝文二十三	六 六　七年，哀侯胜元年。十二年，侯胜薨，无后，国除。	二 二十一　三年侯慎元年。
孝景十六		二　三年三月，侯慎反，国除。
建元至元封六年三十六，太初元年尽后元二年十八。		
侯第	百十九	八十五

德	高陵
以代顷王子侯。顷王，吴王濞父也；广，濞之弟也。	以骑司马汉王元年从起废丘，以都尉破田横、龙且，追籍至东城，以将军击布，九百户。
一　十二年十一月庚辰，哀侯刘广元年。	一　十二年十二月丁亥，圉侯王周元年。
七	七
二 六　三年，顷侯通元年。	二 六　三年，惠侯并弓元年。
二十三	十二 十一　十三年，侯行元年。
五 十一　六年，侯龁元年。	二　三年，反，国除。
二十七 一　元鼎四年，侯何元年。元鼎五年，侯何坐酎金，国除。	
百二十七	九十二

国名	期思	穀陵（应为穀阳）
侯功	淮南王布中大夫，有郄，上书告布反，侯，二千户。布尽杀其宗族。	以卒从，前二年起柘，击籍，定代，为将军，功侯。
高祖十二	一　十二年十二月癸卯，康侯贲赫元年。	一　十二年正月乙丑，定侯冯谿元年。
孝惠七	七	七
高后八	八	八
孝文二十三	十三　十四年，赫薨，无后，国除。	六 十七　七年，共侯熊元年。
孝景十六		二 二　三年，隐侯卬元年。 十二　五年，献侯解元年。
建元至元封六年三十六，太初元年尽后元二年十八。		三　建元四年，侯偃元年。
侯第	百三十二	百五

戚	壮
以都尉汉二年初起栎阳，攻废丘，破之，因击项籍，别属丞相韩信，破齐军，攻臧荼，迁为将军，击信，侯，千户。	以楚将汉王三年降，起临济，以郎中击籍、陈豨，功侯，六百户。
一　十二年十二月癸卯，圉侯季必元年。	一　十二年正月乙丑，敬侯许倩元年。
七	七
八	八
三 二十　四年，齐侯班元年。	二十三
十六	一 十五　二年，共侯恢元年。
二 二十　建元三年，侯信成元年。元狩五年，侯信成坐为太常，纵丞相侵神道壖，不敬，国除。	一 九　建元二年，殇侯则元年。 十五　元光五年，侯广宗元年。元鼎元年，侯广宗坐酎金，国除。
九十	百十二

国名	成阳	桃
侯功	以魏郎汉王二年从起阳武，击籍，属魏豹，豹反，属相国彭越，以太原尉定代，侯，六百户。	以客从，汉王二年从起定陶，以大谒者击布，侯，千户。为淮阴守。项氏亲也，赐姓。
高祖十二	一　十二年正月乙酉，定侯意元年。	一　十二年三月丁巳，安侯刘襄元年。
孝惠七	七	七
高后八	八	一　夺，绝。 七　二年，复封襄。
孝文二十三	十 十三　十一年，侯信元年。	九 十四　十年，哀侯舍元年。
孝景十六	十六	十六　景帝时，为丞相。
建元至元封六年三十六，太初元年尽后元二年十八。	建元元年，侯信罪鬼薪，国除。	十三　建元元年，厉侯申元年。 十五　元朔二年，侯自为元年。元鼎五年，侯自为坐酎金，国除。
侯第	百一十	百三十五

高梁	纪信
食其兵起以客从击破秦，以列侯入汉，还定诸侯，常使约和诸侯列卒兵聚，侯，功比平侯嘉。以死事，子疥袭食其功侯，九百户。	以中涓从起丰，以骑将入汉，以将军击籍，后攻卢绾，侯，七百户。
一　十二年三月丙寅，共侯郦疥元年。	一　十二年六月壬辰，匡侯陈仓元年。
七	七
八	二 六　三年，夷侯开元年。
二十三	十七 六　后二年，侯阳元年。
十六	二　三年，阳反，国除。
八 十　元光三年，侯勃元年。元狩元年，坐诈诏衡山王取金，当死，病死，国除。	
六十六	八十

国名	甘泉	煮枣
侯功	以车司马汉王元年初从起高陵，属刘贾，以都尉从军，侯。	以越连敖从起丰，别以郎将入汉，击诸侯，以都尉侯，九百户。
高祖十二	一　十二年六月壬辰，侯王竟元年。	一　十二年六月壬辰，靖侯赤元年。
孝惠七	六 一　七年，戴侯莫摇元年。	七
高后八	八	八
孝文二十三	十 十三　十一年，侯嫖元年。	一 二十二　二年，赤子康侯武元年。
孝景十六	九　十年，侯嫖有罪，国除。	八 二　中二年，侯昌元年。中四年，有罪，国除。
建元至元封六年三十六，太初元年尽后元二年十八。		
侯第	百六	七十五

张	鄡陵
以中涓骑从起丰，以郎将入汉，从击诸侯，七百户。	以卒从起丰，入汉，以都尉击籍、荼，侯，七百户。
一　十二年六月壬辰，节侯毛泽之元年。	一　十二年中，庄侯朱濞元年。
七	七
八	三 五　四年，恭侯庆元年。
十 二　十一年，夷侯庆元年。 十一　十三年，侯舜元年。	六　七年，恭侯庆薨，无后，国除。
十二　中六年，侯舜有罪，国除。	
七十九	五十二

国名	菌
侯功	以中涓前元年从起单父，不入关，以击籍、布、燕王绾，得南阳，侯，二千七百户。
高祖十二	一　十二年，庄侯张平元年。
孝惠七	七
高后八	四 四　五年，侯胜元年。
孝文二十三	三　四年，侯胜有罪，国除。
孝景十六	
建元至元封六年三十六，太初元年尽后元二年十八。	
侯第	四十八

史记卷十九
表第七

惠景间侯者年表

太史公读列侯受封的史料读到便侯时，说：这是有原因的啊！长沙王被著录在法令的第一篇，这是为了称颂他的忠诚。昔日高祖平定天下，不是汉室同姓宗亲而分疆裂土为王的功臣有八人。到孝惠帝时，唯独长沙王能够保全封国，传承五世，最后因没有后嗣才断绝，从始至终没有过错，作为朝廷的藩臣谨守职责，确实是这样啊。所以他的恩泽可以旁流到支庶子孙，没有功劳而被封侯的还有几个人。从孝惠帝到孝景帝之间的五十年，追录的高祖时遗漏没有受封的功臣、追随孝文帝从代国来的大臣、在平定吴楚之乱中立下功劳的人、亲近的诸侯子弟，降顺归化的外邦异族首领，受封的一共有九十多人。现在我把他们的传承始末列表记述如下，这些都是当世显著的有仁义而成功的人物。

太史公读列封至便侯，曰：有以也夫！长沙王者，著令甲，称其忠焉。昔高祖定天下，功臣非同姓疆土而王者八国。至孝惠时，唯独长沙全，禅五世，以无嗣绝，竟无过，为藩守职，信矣。故其泽流枝庶，毋功而侯者数人。及孝惠讫孝景间五十载，追修高祖时遗功臣，及从代来，吴楚之劳，诸侯子弟若肺腑，外国归义，封者九十有余。咸表始终，当世仁义成功之著者也。

国名	便	轪
侯功	长沙王子，侯，二千户。	长沙相，侯，七百户。
孝惠七	七　元年九月，顷侯吴浅元年。	六　二年四月庚子，侯利仓元年。
高后八	八	二 六　三年，侯豨元年。
孝文二十三	二十二 一　后七年，恭侯信元年。	十五 八　十六年，侯彭祖元年。
孝景十六	五 十一　前六年，侯广志元年。	十六
建元至元封六年三十六	二十八　元鼎五年，侯千秋坐酎金，国除。	三十　元封元年，侯秩为东海太守，行过不请，擅发卒兵为卫，当斩，会赦，国除。
太初已后		

平都		扶柳
以齐将，高祖三年降，定齐，侯，千户。		高后姊长姁子，侯。
三　五年六月乙亥，孝侯刘到元年。		
八		七　元年四月庚寅，侯吕平元年。八年，侯平坐吕氏事诛，国除。
二 二十一　三年，侯成元年。	右孝惠时三	
十四　后二年，侯成有罪，国除。		

国名	郊	南宫
侯功	吕后兄悼武王身佐高祖定天下，吕氏佐高祖治天下，天下大安，封武王少子产为郊侯。	以父越人为高祖骑将，从军，以大中大夫侯。
孝惠七		
高后八	五　元年四月辛卯，侯吕产元年。六年七月壬辰，产为吕王，国除。八年九月，产以吕王为汉相，谋为不善。大臣诛产，遂灭诸吕。	七　元年四月丙寅，侯张买元年。八年，侯买坐吕氏事诛，国除。
孝文二十三		
孝景十六		
建元至元封六年三十六		
太初已后		

梧	平定
以军匠从起郏，入汉，后为少府，作长乐、未央宫，筑长安城，先就，功侯，五百户。	以卒从高祖起留，以家车吏入汉，以枭骑都尉击项籍，得楼烦将功，用齐丞相侯。一云项涓。
六　元年四月乙酉，齐侯阳成延元年。 二　七年，敬侯去疾元年。	八　元年四月乙酉，敬侯齐受元年。
二十三	一 四　二年，齐侯市人元年。 十八　六年，恭侯应元年。
九 七　中三年，靖侯偃元年。	十六
八 十四　元光三年，侯戎奴元年。元狩五年，侯戎奴坐谋杀季父弃市，国除。	七 十八　元光二年，康侯延居元年。 二　元鼎二年，侯昌元年。元鼎四年，侯昌有罪，国除。

国名	博成	沛
侯功	以悼武王郎中，兵初起，从高祖起丰，攻雍丘，击项籍，力战，奉卫悼武王出荥阳，功侯。	吕后兄康侯少子，侯，奉吕宣王寝园。
孝惠七		
高后八	三　元年四月乙酉，敬侯冯无择元年。 四　四年，侯代元年。八年，侯代坐吕氏事诛，国除。	七　元年四月乙酉，侯吕种元年。 一　为不其侯。八年，侯种坐吕氏事诛，国除。
孝文二十三		
孝景十六		
建元至元封六年三十六		
太初已后		

襄成	轵	壶关
孝惠子，侯。	孝惠子，侯。	孝惠子，侯。
一　元年四月辛卯，侯义元年。二年，侯义为常山王，国除。	三　元年四月辛卯，侯朝元年。四年，侯朝为常山王，国除。	四　元年四月辛卯，侯武元年。五年，侯武为淮阳王，国除。

国名	沅陵	上邳
侯功	长沙嗣成王子，侯。	楚元王子，侯。
孝惠七		
高后八	八　元年十一月壬申，顷侯吴阳元年。	七　二年五月丙申，侯刘郢客元年。
孝文二十三	十七 六　后二年，顷侯福元年。	一　二年，侯郢客为楚王，国除。
孝景十六	十一 四　中五年，哀侯周元年。后三年，侯周薨，无后，国除。	
建元至元封六年三十六		
太初已后		

朱虚	昌平	赘其
齐悼惠王子，侯。	孝惠子，侯。	吕后昆弟子，用淮阳丞相侯。
七　二年五月丙申，侯刘章元年。	三　四年二月癸未，侯太元年。七年，太为吕王，国除。	四　四年四月丙申，侯吕胜元年。八年，侯胜坐吕氏事诛，国除。
一　二年，侯章为城阳王，国除。		

国名	中邑	乐平
侯功	以执矛从高祖入汉，以中尉破曹咎，用吕相侯，六百户。	以队卒从高祖起沛，属皇䜣，以郎击陈馀，用卫尉侯，六百户。
孝惠七		
高后八	五　四年四月丙申，贞侯朱通元年。	二　四年四月丙申，简侯卫无择元年。 三　六年，恭侯胜元年。
孝文二十三	十七 六　后二年，侯悼元年。	二十三
孝景十六	十五　后三年，侯悼有罪，国除。	十五 一　后三年，侯侈元年。
建元至元封六年三十六		五　建元六年，侯侈坐以买田宅不法，又请求吏罪，国除。
太初已后		

山都	松兹	成陶
高祖五年为郎中柱下令，以卫将军击陈豨，用梁相侯。	兵初起，以舍人从起沛，以郎中入汉，还，得雍王邯家属功，用常山丞相侯。	以卒从高祖起单父，为吕氏舍人，度吕氏淮之功，用河南守侯，五百户。
五　四年四月丙申，贞侯王恬开元年。	五　四年四月丙申，夷侯徐厉元年。	五　四年四月丙申，夷侯周信元年。
三 二十　四年，惠侯中黄元年。	六 十七　七年，康侯悼元年。	十一 三　十二年，孝侯勃元年。十五年，侯勃有罪，国除。
三 十三　四年，敬侯触龙元年。	十二 四　中六年，侯偃元年。	
二十二 八　元狩五年，侯当元年。元封元年，侯当坐与奴阑入上林苑，国除。	五　建元六年，侯偃有罪，国除。	

国名	俞	滕
侯功	以连敖从高祖破秦，入汉，以都尉定诸侯，功比朝阳侯。婴死，子它袭功，用太中大夫侯。	以舍人、郎中十二岁，以都尉屯霸上，用楚相侯。
孝惠七		
高后八	四　四年四月丙申，侯吕它元年。八年，侯它坐吕氏事诛，国除。	四　四年四月丙申，侯吕更始元年。八年，侯更始坐吕氏事诛，国除。
孝文二十三		
孝景十六		
建元至元封六年三十六		
太初已后		

醴陵	吕成	东牟
以卒从，汉王二年初起栎阳，以卒吏击项籍，为河内都尉，用长沙相侯，六百户。	吕后昆弟子，侯。	齐悼惠王子，侯。
五　四年四月丙申，侯越元年。	四　四年四月丙申，侯吕忿元年。八年，侯忿坐吕氏事诛，国除。	三　六年四月丁酉，侯刘兴居元年。
三　四年，侯越有罪，国除。		一　二年，侯兴居为济北王，国除。

国名	锤	信都	乐昌
侯功	吕肃王子，侯。	以张敖、鲁元太后子侯。	以张敖、鲁元太后子侯。
孝惠七			
高后八	二　六年四月丁酉，侯吕通元年。八年，侯通为燕王，坐吕氏事，国除。	一　八年四月丁酉，侯张侈元年。	一　八年四月丁酉，侯张受元年。
孝文二十三		元年，侯侈有罪，国除。	元年，侯受有罪，国除。
孝景十六			
建元至元封六年三十六			
太初已后			

祝兹	建陵	东平	
吕后昆弟子，侯。	以大谒者侯，宦者，多奇计。	以燕王吕通弟侯。	右高后时三十一
八年四月丁酉，侯吕荣元年。坐吕氏事诛，国除。	八年四月丁酉，侯张泽元年。九月，夺侯，国除。	八年五月丙辰，侯吕庄元年。坐吕氏事诛，国除。	

国名	阳信	轵
侯功	高祖十二年为郎。以典客夺赵王吕禄印，关殿门拒吕产等入，共尊立孝文，侯，二千户。	高祖十年为郎，从军十七岁，为太中大夫，迎孝文代，用车骑将军迎太后，侯，万户。薄太后弟。
孝惠七		
高后八		
孝文二十三	十四　元年三月辛丑，侯刘揭元年。 九　十五年，侯中意元年。	十　元年二月乙巳，侯薄昭元年。 十三　十一年，易侯戎奴元年。
孝景十六	五　六年，侯中意有罪，国除。	十六
建元至元封六年三十六		一 建元二年，侯梁元年。
太初已后		

壮武	清都	周阳
以家吏从高祖起山东，以都尉从之荥阳，食邑。以代中尉劝代王入，骖乘至代邸，王卒为帝，功侯，千四百户。	以齐哀王舅父侯。	以淮南厉王舅父侯。
二十三　元年四月辛亥，侯宋昌元年。	五　元年四月辛未，侯驷钧元年。前六年，钧有罪，国除。	五　元年四月辛未，侯赵兼元年。前六年，兼有罪，国除。
十一　中四年，侯昌夺侯，国除。		

国名	樊	管
侯功	以睢阳令从高祖初起阿，以韩家子还定北地，用常山相侯，千二百户。	齐悼惠王子，侯。
孝惠七		
高后八		
孝文二十三	十四　元年六月丙寅，侯蔡兼元年。 九　十五年，康侯客元年。	二　四年五月甲寅，恭侯刘罢军元年。 十八　六年，侯戎奴元年。
孝景十六	九 七　中三年，恭侯平元年。	二　三年，侯戎奴反，国除。
建元至元封六年三十六	十三 十四　元朔二年，侯辟方元年。元鼎四年，侯辟方有罪，国除。	
太初已后		

瓜丘	营	杨虚
齐悼惠王子，侯。	齐悼惠王子，侯。	齐悼惠王子，侯。
十一　四年五月甲寅，侯刘宁国元年。 九　十五年，侯偃元年。	十　四年五月甲寅，平侯刘信都元年。 十　十四年，侯广元年。	十二　四年五月甲寅，恭侯刘将庐元年。十六年，侯将庐为齐王，有罪，国除。
二　三年，侯偃反，国除。	二　三年，侯广反，国除。	

国名	杨	安都
侯功	齐悼惠王子，侯。	齐悼惠王子，侯。
孝惠七		
高后八		
孝文二十三	十二　四年五月甲寅，侯刘辟光元年。十六年，侯辟光为济南王，国除。	十二　四年五月甲寅，侯刘志元年。十六年，侯志为济北王，国除。
孝景十六		
建元至元封六年三十六		
太初已后		

平昌	武城	白石
齐悼惠王子，侯。	齐悼惠王子，侯。	齐悼惠王子，侯。
十二　四年五月甲寅，侯刘卬元年。十六年，侯卬为胶西王，国除。	十二　四年五月甲寅，侯刘贤元年。十六年，侯贤为菑川王，国除。	十二　四年五月甲寅，侯刘雄渠元年。十六年，侯雄渠为胶东王，国除。

国名	波陵	南郑
侯功	以阳陵君侯。	以信平君侯。
孝惠七		
高后八		
孝文二十三	五　七年三月甲寅，康侯魏驷元年。十二年，康侯魏驷薨，无后，国除。	一　七年三月丙寅，侯起元年。孝文时坐后父故夺爵级，关内侯。
孝景十六		
建元至元封六年三十六		
太初已后		

阜陵	安阳	阳周
以淮南厉王子侯。	以淮南厉王子侯。	以淮南厉王子侯。
八　八年五月丙午，侯刘安元年。十六年，安为淮南王，国除。	八　八年五月丙午，侯勃元年。十六年，侯勃为衡山王，国除。	八　八年五月丙午，侯刘赐元年。十六年，侯赐为庐江王，国除。

国名	东城	犁
侯功	以淮南厉王子侯。	以齐相召平子侯，千四百一十户。
孝惠七		
高后八		
孝文二十三	七　八年五月丙午，哀侯刘良元年。十五年，侯良薨，无后，国除。	十一　十年四月癸丑，顷侯召奴元年。 三　后五年，侯泽元年。
孝景十六		十六
建元至元封六年三十六		十六 十九　元朔五年，侯延元年。元封六年，侯延坐不出持马，斩，国除。
太初已后		

缾	弓高	襄成
以北地都尉孙卬，匈奴入北地，力战死事，子侯。	以匈奴相国降，故韩王信孽子，侯，千二百三十七户。	以匈奴相国降，侯，故韩王信太子之子，侯，千四百三十二户。
十　十四年三月丁巳，侯孙单元年。	八　十六年六月丙子，庄侯韩颓当元年。	七　十六年六月丙子，哀侯韩婴元年。 一　后七年，侯泽之元年。
二　前三年，侯单谋反，国除。	十六　前元年，侯则元年。	十六
	十六　元朔五年，侯则薨，无后，国除。	十五　元朔四年，侯泽之坐诈病不从，不敬，国除。

国名	故安	章武
侯功	孝文元年，举淮阳守从高祖入汉功侯，食邑五百户；用丞相侯，一千七百一十二户。	以孝文后弟侯，万一千八百六十九户。
孝惠七		
高后八		
孝文二十三	五　后三年四月丁巳，节侯申屠嘉元年。	一　后七年六月乙卯，景侯窦广国元年。
孝景十六	二 十四　前三年，恭侯蔑元年。	六 十　前七年，恭侯完元年。
建元至元封六年三十六	十九 五　元狩二年，清安侯臾元年。元鼎元年，臾坐为九江太守有罪，国除。	八 十　元光三年，侯常坐元年。元狩元年，侯常坐谋杀人未杀罪，国除。
太初已后		

南皮		平陆
以孝文后兄窦长君子侯，六千四百六十户。	右孝文时二十九	楚元王子，侯，三千二百六十七户。
一　后七年六月乙卯，侯窦彭祖元年。		
十六		二　元年四月乙巳，侯刘礼元年。三年，侯礼为楚王，国除。
五 五　建元六年，夷侯良元年。 十八　元光五年，侯桑林元年。元鼎五年，侯桑林坐酎金罪，国除。		

国名	休	沈犹
侯功	楚元王子，侯。	楚元王子，侯，千三百八十户。
孝惠七		
高后八		
孝文二十三		
孝景十六	二　元年四月乙巳，侯富元年。三年，侯富以兄子戊为楚王反，富与家属至长安北阙自归，不能相教，上印绶。诏复王。后以平陆侯为楚王，更封富为红侯。	十六　元年四月乙巳，夷侯刘秽元年。
建元至元封六年三十六		四 十八　建元五年，侯受元年。元狩五年，侯受坐故为宗正听谒不具宗室，不敬，国除。
太初已后		

红	宛朐	魏其
楚元王子，侯，千七百五十户。	楚元王子，侯。	以大将军屯荥阳，捍吴楚七国，侯，三千三百五十户。
四　三年四月乙巳，庄侯富元年。 一　前七年，悼侯澄元年。 九　中元年，敬侯发元年。	二　元年四月乙巳，侯刘埶元年。三年，侯埶反，国除。	十四　三年六月乙巳，侯窦婴元年。
十五 一　元朔四年，侯章元年。元朔五年，侯章薨，无后，国除。		九　建元元年为丞相，二岁免。元光四年，侯婴坐争灌夫事上书称为先帝诏，矫制害，弃市，国除。

国名	棘乐	俞
侯功	楚元王子，侯，户千二百一十三。	以将军吴楚反时击齐有功。布故彭越舍人，越反时布使齐，还已枭越，布祭哭之，当亨，出忠言，高祖舍之。黥布反，布为都尉，侯，户千八百。
孝惠七		
高后八		
孝文二十三		
孝景十六	十四　三年八月壬子，敬侯刘调元年。	六　六年四月丁卯，侯栾布元年。中五年，侯布薨。
建元至元封六年三十六	一 十一　建元二年，恭侯应元年。 十六　元朔元年，侯庆元年。元鼎五年，侯庆坐酎金，国除。	十　元狩六年，侯贲坐为太常庙牺牲不如令，有罪，国除。
太初已后		

建陵	建平	平曲
以将军击吴楚功，用中尉侯，户一千三百一十。	以将军击吴楚功，用江都相侯，户三千一百五十。	以将军击吴楚功，用陇西太守侯，户三千二百二十。
十一　六年四月丁卯，敬侯卫绾元年。	十一　六年四月丁卯，哀侯程嘉元年。	五　六年四月己巳，侯公孙昆邪元年。中四年，侯昆邪有罪，国除。太仆贺父。
十 十八　元光五年，侯信元年。元鼎五年，侯信坐酎金，国除。	七 一　元光二年，节侯横元年。 一　元光三年，侯回元年。元光四年，侯回薨，无后，国除。	

国名	江阳	遽
侯功	以将军击吴楚功，用赵相侯，户二千五百四十一。	以赵相建德，王遂反，建德不听，死事，子侯，户千九百七十。
孝惠七		
高后八		
孝文二十三		
孝景十六	四　六年四月壬申，康侯苏嘉元年。 七　中三年，懿侯卢元年。	六　中二年四月乙巳，侯横元年。后二年，侯横有罪，国除。
建元至元封六年三十六	二 十六　建元三年，侯明元年。 十一　元朔六年，侯雕元年。元鼎五年，侯雕坐酎金，国除。	
太初已后		

新市	商陵	山阳
以赵内史王慎，王遂反，慎不听，死事，子侯，户一千十四。	以楚太傅赵夷吾，王戊反，不听，死事，子侯，千四十五户。	以楚相张尚，王戊反，尚不听，死事，子侯，户千一百一十四。
五　中二年四月乙巳，侯王康元年。 三　后元年，殇侯始昌元年。	八　中二年四月乙巳，侯赵周元年。	八　中二年四月乙巳，侯张当居元年。
九　元光四年，殇侯始昌为人所杀，国除。	二十九　元鼎五年，侯周坐为丞相知列侯酎金轻，下廷尉，自杀，国除。	十六　元朔五年，侯当居坐为太常程博士弟子故不以实罪，国除。

国名	安陵	垣	遒
侯功	以匈奴王降，侯，户一千五百一十七。	以匈奴王降，侯。	以匈奴王降，侯，户五千五百六十九。
孝惠七			
高后八			
孝文二十三			
孝景十六	七　中三年十一月庚子，侯子军元年。	三　中三年十二月丁丑，侯赐元年。六年，赐死，不得及嗣。	中三年十二月丁丑，侯隆彊元年。不得隆彊嗣。
建元至元封六年三十六	五　建元六年，侯子军薨，无后，国除。		
太初已后			后元年四月甲辰，侯则坐使巫齐少君祠祝诅上，大逆无道，国除。

容成	易	范阳
以匈奴王降，侯，七百户。	以匈奴王降，侯。	以匈奴王降，侯，户千一百九十七。
七　中三年十二月丁丑，侯唯徐卢元年。	六　中三年十二月丁丑，侯仆黥元年。后二年，侯仆黥薨，无嗣。	七　中三年十二月丁丑，端侯代元年。
十四　建元元年，康侯绰元年。 二十二　元朔三年，侯光元年。		七 二　元光二年，怀侯德元年。元光四年，侯德薨，无后，国除。
十八　后二年三月壬辰，侯光坐祠祝诅，国除。		

国名	翕	亚谷
侯功	以匈奴王降，侯。	以匈奴东胡王降，故燕王卢绾子侯，千五百户。
孝惠七		
高后八		
孝文二十三		
孝景十六	七　中三年十二月丁丑，侯邯郸元年。	二　中五年四月丁巳，简侯它父元年。 三　后元年，安侯种元年。
建元至元封六年三十六	九　元光四年，侯邯郸坐行来不请长信，不敬，国除。	十一　建元元年，康侯偏元年。 二十五　元光六年，侯贺元年。
太初已后		十五　征和二年七月辛巳，侯贺坐太子事，国除。

隆虑	乘氏	桓邑
以长公主嫖子侯，户四千一百二十六。	以梁孝王子侯。	以梁孝王子侯。
五　中五年五月丁丑，侯蟜元年。	一　中五年五月丁卯，侯买元年。中六年，侯买嗣为梁王，国除。	一　中五年五月丁卯，侯明元年。 中六年，为济川王，国除。
二十四　元鼎元年，侯蟜坐母长公主薨未除服奸，禽兽行，当死，自杀，国除。		

国名	盖	塞
侯功	以孝景后兄侯，户二千八百九十。	以御史大夫前将兵击吴楚功侯，户千四十六。
孝惠七		
高后八		
孝文二十三		
孝景十六	五　中五年五月甲戌，靖侯王信元年。	三　后元年八月，侯直不疑元年。
建元至元封六年三十六	二十 八　元狩三年，侯偃元年。元鼎五年，侯偃坐酎金，国除。	三 十二　建元四年，侯相如元年。 十三　元朔四年，侯坚元年。元鼎五年，坚坐酎金，国除。

武安	周阳	
以孝景后同母弟侯，户八千二百一十四。	以孝景后同母弟侯，户六千二十六。	右孝景时三十
一　后三年三月，侯田蚡元年。	一　后三年三月，懿侯田胜元年。	
九 五　元光四年，侯梧元年。元朔三年，侯梧坐衣襜褕入宫廷中，不敬，国除。	十一 八　元光六年，侯彭祖元年。元狩二年，侯彭祖坐当归与章侯宅不与罪，国除。	

史记卷二十
表第八

建元以来侯者年表

太史公说：匈奴断绝和亲，攻打边境的关塞；闽越擅自攻伐，东瓯请求归降。这两支外夷交相侵犯，正当汉朝兴盛之时，由此可知此时功臣受封的情况与祖辈父辈时差不多了。为什么呢？自从《诗经》《尚书》称夏、商、周三代“抵御抗击戎狄，征讨惩罚荆荼”以来，齐桓公越过燕国攻打山戎，赵武灵王凭借小小的赵国征服单于，秦缪公任用百里奚称霸西戎，吴、楚两国国君以诸侯的身份役使百越。何况现在中原一统，圣明的天子在上，兼有文武之才，像卷席一般占有四海，内部聚集亿万民众，难道因为国内安然就不戍守边境、做攻伐之事吗？从此以后，便出兵向北讨伐强大的胡人，向南诛灭强劲的越国，将军士卒也都依次受封了。

太史公曰：匈奴绝和亲，攻当路塞；闽越擅伐，东瓯请降。二夷交侵，当盛汉之隆，以此知功臣受封侔于祖考矣。何者？自《诗》《书》称三代“戎狄是膺，荆荼是征”，齐桓越燕伐山戎，武灵王以区区赵服单于，秦缪用百里霸西戎，吴楚之君以诸侯役百越。况乃以中国一统，明天子在上，兼文武，席卷四海，内辑亿万之众，岂以晏然不为边境征伐哉！自是后，遂出师北讨强胡，南诛劲越，将卒以次封矣。

国名	翕	持装	亲阳
侯功	匈奴相降，侯。元朔二年，属车骑将军，击匈奴有功，益封。	匈奴都尉降，侯。	匈奴相降，侯。
元光	三　四年七月壬午，侯赵信元年。	一　六年后九月丙寅，侯乐元年。	
元朔	五　六年，侯信为前将军击匈奴，遇单于兵，败，信降匈奴，国除。	六	三　二年十月癸巳，侯月氏元年。五年，侯月氏坐亡斩，国除。
元狩		六	
元鼎		元年，侯乐死，无后，国除。	
元封			
太初已后			

若阳	长平	平陵
匈奴相降，侯。	以元朔二年再以车骑将军击匈奴，取朔方、河南，功侯。元朔五年，以大将军击匈奴，破右贤王，益封三千户。	以都尉从车骑将军青击匈奴，功侯。以元朔五年，用游击将军从大将军，益封。
三　二年十月癸巳，侯猛元年。五年，侯猛坐亡斩，国除。	五　二年三月丙辰，烈侯卫青元年。	五　二年三月丙辰，侯苏建元年。
	六	六
	六	六　六年，侯建为右将军，与翕侯信俱败，独身脱来归，当斩，赎，国除。
	六	
	太初元年，今侯伉元年。	

国名	岸头	平津	涉安
侯功	以都尉从车骑将军青击匈奴，功侯。元朔六年，从大将军，益封。	以丞相诏所褒侯。	以匈奴单于太子降，侯。
元光			
元朔	五　二年六月壬辰，侯张次公元年。	四　三年十一月乙丑，献侯公孙弘元年。	一　三年四月丙子，侯於单元年。五月，卒，无后，国除。
元狩	元年，次公坐与淮南王女陵奸，及受财物罪，国除。	二 四　三年，侯度元年。	
元鼎		六	
元封		三　四年，侯度坐为山阳太守有罪，国除。	
太初已后			

昌武	襄城	南奅
以匈奴王降，侯。以昌武侯从骠骑将军击左贤王功，益封。	以匈奴相国降，侯。	以骑将军从大将军青击匈奴得王，功侯。太初二年，以丞相封为葛绎侯。
三　四年十月庚申，坚侯赵安稽元年。	三　四年七月庚申，侯无龙元年。	二　五年四月丁未，侯公孙贺元年。
六	六	六
六	六	四　五年，贺坐酎金，国除。绝十岁。
一 五　二年，侯充国元年。	六	
太初元年，侯充国薨，亡后，国除。	一　太初二年，无龙从浞野侯战死。 二　三年，侯病已元年。	十三　太初二年三月丁卯，封葛绎侯。征和二年，贺子敬声有罪，国除。

国名	合骑	乐安	龙頟
侯功	以护军都尉三从大将军击匈奴，至右贤王庭，得王，功侯。元朔六年，益封。	以轻车将军再从大将军青击匈奴，得王，功侯。	以都尉从大将军青击匈奴，得王，功侯。元鼎六年，以横海将军击东越功，为案道侯。
元光			
元朔	二　五年四月丁未，侯公孙敖元年。	二　五年四月丁未，侯李蔡元年。	二　五年四月丁未，侯韩说元年。
元狩	一　二年，侯敖将兵击匈奴，与骠骑将军期，后，畏懦，当斩，赎为庶人，国除。	四　五年，侯蔡以丞相侵盗孝景园神道壖地罪，自杀，国除。	六
元鼎			四　五年，侯说坐酎金，国绝。二岁复侯。
元封			六　元年五月丁卯，案道侯说元年。
太初已后			十三 征和二年，子长代，有罪，绝。子曾复封为龙頟侯。

随成	从平	涉轵
以校尉三从大将军青击匈奴，攻农吾，先登石累，得王，功侯。	以校尉三从大将军青击匈奴，至右贤王庭，数为雁行，上石山先登，功侯。	以校尉三从大将军青击匈奴，至右贤王庭，得王，虏阏氏，功侯。
二　五年四月乙卯，侯赵不虞元年。	二　五年四月乙卯，公孙戎奴元年。	二　五年四月丁未，侯李朔元年。
三　三年，侯不虞坐为定襄都尉，匈奴败太守，以闻非实，谩，国除。	一　二年，侯戎奴坐为上郡太守发兵击匈奴，不以闻，谩，国除。	元年，侯朔有罪，国除。

国名	宜春	阴安	发干
侯功	以父大将军青破右贤王功侯。	以父大将军青破右贤王功侯。	以父大将军青破右贤王功侯。
元光			
元朔	二　五年四月丁未，侯卫伉元年。	二　五年四月丁未，侯卫不疑元年。	二　五年四月丁未，侯卫登元年。
元狩	六	六	六
元鼎	元年，侯伉坐矫制不害，国除。	四　五年，侯不疑坐酎金，国除。	四　五年，侯登坐酎金，国除。
元封			
太初已后			

博望	冠军
以校尉从大将军六年击匈奴，知水道，及前使绝域大夏，功侯。	以嫖姚校尉再从大将军，六年从大将军击匈奴，斩相国，功侯。元狩二年，以骠骑将军击匈奴，至祁连，益封；迎浑邪王，益封；击左右贤王，益封。
一　六年三月甲辰，侯张骞元年。	一　六年四月壬申，景桓侯霍去病元年。
一　二年，侯骞坐以将军击匈奴畏懦，当斩，赎，国除。	六
	六　元年，哀侯嬗元年。
	元年，哀侯嬗薨，无后，国除。

国名	众利	潦	宜冠
侯功	以上谷太守四从大将军，六年击匈奴，首虏千级以上，功侯。	以匈奴赵王降，侯。	以校尉从骠骑将军二年再出击匈奴，功侯。故匈奴归义。
元光			
元朔	一　六年五月壬辰，侯郝贤元年。		
元狩	一　二年，侯贤坐为上谷太守入戍卒财物上计谩罪，国除。	一　元年七月壬午，悼侯赵王煖訾元年。二年，煖訾死，无后，国除。	二　二年正月乙亥，侯高不识元年。四年，不识击匈奴，战军功增首不以实，当斩，赎罪，国除。
元鼎			
元封			
太初已后			

煇渠	从骠
以校尉从骠骑将军二年再出击匈奴得王，功侯。以校尉从骠骑将军二年虏五王功，益封。故匈奴归义。	以司马再从骠骑将军数深入匈奴，得两王子骑将，功侯。以匈河将军元封三年击楼兰功，复侯。
五　二年二月乙丑，忠侯仆多元年。	五　二年五月丁丑，侯赵破奴元年。
三 三　四年，侯电元年。	四　五年，侯破奴坐酎金，国除。
六	浞野　四　三年，侯破奴元年。
四	一　二年，侯破奴以浚稽将军击匈奴，失军，为虏所得，国除。

国名	下麾	漯阴	煇渠
侯功	以匈奴王降，侯。	以匈奴浑邪王将众十万降，侯，万户。	以匈奴王降，侯。
元光			
元朔			
元狩	五　二年六月乙亥，侯呼毒尼元年。	四　二年七月壬午，定侯浑邪元年。	四　三年七月壬午，悼侯扁訾元年。
元鼎	四 二　五年，炀侯伊即轩元年。	六　元年，魏侯苏元年。	一　二年，侯扁訾死，无后，国除。
元封	六	五　五年，魏侯苏薨，无后，国除。	
太初已后	四		

河綦	常乐	符离
以匈奴右王与浑邪降，侯。	以匈奴大当户与浑邪降，侯。	以右北平太守从骠骑将军四年击右王，将重会期。首虏二千七百人，功侯。
四　三年七月壬午，康侯乌犁元年。	四　三年七月壬午，肥侯稠雕元年。	三　四年六月丁卯，侯路博德元年。
二 四　三年，馀利鞮元年。	六	六
六	六	六
四	二 太初三年，今侯广汉元年。	太初元年，侯路博德有罪，国除。

国名	壮	众利	湘成
侯功	以匈奴归义因淳王从骠骑将军四年击左王，以少破多，捕虏二千一百人，功侯。	以匈奴归义楼剸王从骠骑将军四年击右王，手自剑合，功侯。	以匈奴符离王降，侯。
元光			
元朔			
元狩	三　四年六月丁卯，侯复陆支元年。	三　四年六月丁卯，质侯伊即轩元年。	三　四年六月丁卯，侯敞屠洛元年。
元鼎	二 四　三年，今侯偃元年。	六	四　五年，侯敞屠洛坐酎金，国除。
元封	六	五 一　六年，今侯当时元年。	
太初已后	四	四	

义阳	散	臧马
以北地都尉从骠骑将军四年击左王，得王，功侯。	以匈奴都尉降，侯。	以匈奴王降，侯。
三　四年六月丁卯，侯卫山元年。	三　四年六月丁卯，侯董荼吾元年。	一　四年六月丁卯，康侯延年元年。五年，侯延年死，不得置后，国除。
六	六	
六	六	
四	二 二　太初三年，今侯安汉元年。	

国名	周子南君	乐通	瞭
侯功	以周后绍封。	以方术侯。	以匈奴归义王降，侯。
元光			
元朔			
元狩			
元鼎	三　四年十一月丁卯，侯姬嘉元年。	一　四年四月乙巳，侯五利将军栾大元年。五年，侯大有罪，斩，国除。	一　四年六月丙午，侯次公元年。五年，侯次公坐酎金，国除。
元封	三 三　四年，君买元年。		
太初已后	四		

术阳	龙亢	成安
以南越王兄越高昌侯。	以校尉摎乐击南越死事，子侯。	以校尉韩千秋击南越死事，子侯。
一　四年，侯建德元年。五年，侯建德有罪，国除。	二　五年三月壬午，侯广德元年。	二　五年三月壬子，侯延年元年。
	六　六年，侯广德有罪诛，国除。	六　六年，侯延年有罪，国除。

国名	昆	骐	梁期
侯功	以属国大且渠击匈奴，功侯。	以属国骑击匈奴，捕单于兄，功侯。	以属国都尉五年间出击匈奴，得复累绛缦等，功侯。
元光			
元朔			
元狩			
元鼎	二　五年五月戊戌，侯渠复累元年。	二　五年六月壬子，侯驹几元年。	二　五年七月辛巳，侯任破胡元年。
元封	六	六	六
太初已后	四	四	四

牧丘	瞭	将梁
以丞相及先人万石积德谨行侯。	以南越将降，侯。	以楼船将军击南越，椎锋却敌，侯。
二　五年九月丁丑，恪侯石庆元年。	一　六年三月乙酉，侯毕取元年。	一　六年三月乙酉，侯杨仆元年。
六	六	三　四年，侯仆有罪，国除。
二 二　三年，侯德元年。	四	

国名	安道	随桃	湘成
侯功	以南越揭阳令闻汉兵至自定降，侯。	以南越苍梧王闻汉兵至降，侯。	以南越桂林监闻汉兵破番禺，谕瓯骆兵四十余万降，侯。
元光			
元朔			
元狩			
元鼎	一　六年三月乙酉，侯揭阳令定元年。	一　六年四月癸亥，侯赵光元年。	一　六年五月壬申，侯监居翁元年。
元封	六	六	六
太初已后	四	四	四

海常	北石	下郦
以伏波司马捕得南越王建德，功侯。	以故东越衍侯佐繇王斩馀善，功侯。	以故瓯骆左将斩西于王，功侯。
一　六年七月乙酉，庄侯苏弘元年。		
六	六　元年正月壬午，侯吴阳元年。	六　元年四月丁酉，侯左将黄同元年。
太初元年，侯弘死，无后，国除。	三 太初四年，今侯首元年。	四

国名	缭荌	虆儿	开陵
侯功	以故校尉从横海将军说击东越，功侯。	以军卒斩东越徇北将军，功侯。	以故东越建成侯与繇王共斩东越王馀善，功侯。
元光			
元朔			
元狩			
元鼎			
元封	一　元年五月乙卯，侯刘福元年。二年，侯福有罪，国除。	六　元年闰月癸卯，庄侯辕终古元年。	六　元年闰月癸卯，侯建成元年。
太初已后		太初元年，终古死，无后，国除。	

临蔡	东成	无锡
以故南越郎闻汉兵破番禺，为伏波得南越相吕嘉，功侯。	以故东越繇王斩东越王馀善，功侯，万户。	以东越将军汉兵至弃军降，侯。
六　元年闰月癸卯，侯孙都元年。	六　元年闰月癸卯，侯居服元年。	六　元年，侯多军元年。
	四	四

国名	涉都	平州	荻苴
侯功	以父弃故南海守汉兵至以城邑降，子侯。	以朝鲜将汉兵至降，侯。	以朝鲜相汉兵至围之降，侯。
元光			
元朔			
元狩			
元鼎			
元封	六　元年中，侯嘉元年。	一　三年四月丁卯，侯唊元年。四年，侯唊薨，无后，国除。	四　三年四月，侯朝鲜相韩阴元年。
太初已后	二　太初二年，侯嘉薨，无后，国除。		四

涠清	騠兹	浩
以朝鲜尼谿相使人杀其王右渠来降，侯。	以小月氏若苴王将众降，侯。	以故中郎将将兵捕得车师王，功侯。
四　三年六月丙辰，侯朝鲜尼谿相参元年。	三　四年十一月丁卯，侯稽谷姑元年。	一　四年正月甲申，侯王恢元年。四年四月，侯恢坐使酒泉矫制害，当死，赎，国除。封凡三月。
四	太初元年，侯稽谷姑薨，无后，国除。	

国名	瓡讘	几	涅阳
侯功	以小月氏王将众千骑降，侯。	以朝鲜王子汉兵围朝鲜降，侯。	以朝鲜相路人汉兵至首先降，道死，其子侯。
元光			
元朔			
元狩			
元鼎			
元封	二　四年正月乙酉，侯扜者元年。 一　六年，侯胜元年。	二　四年三月癸未，侯张路归义元年。六年，侯张路使朝鲜，谋反，死，国除。	三　四年三月壬寅，康侯子最元年。
太初已后	四		二　太初二年，侯最死，无后，国除。

右太史公本表	
当涂	魏不害，以圉守尉捕淮阳反者公孙勇等，侯。
蒲	苏昌，以圉尉史捕淮阳反者公孙勇等，侯。
潦阳	江德，以圉厩啬夫共捕淮阳反者公孙勇等，侯。
富民	田千秋，家在长陵。以故高庙寝郎上书谏孝武曰："子弄父兵，罪当笞。父子之怒，自古有之。蚩尤畔父，黄帝涉江。"上书至意，拜为大鸿胪。征和四年为丞相，封三千户。至昭帝时病死，子顺代立，为虎牙将军，击匈奴，不至质，诛死，国除。
右孝武封国名	

后进好事儒者褚先生曰：太史公记事尽于孝武之事，故复修记孝昭以来功臣侯者，编于左方，令后好事者得览观成败长短绝世之適，得以自戒焉。当世之君子，行权合变，度时施宜，希世用事，以建功有土封侯，立名当世，岂不盛哉！观其持满守成之道，皆不谦让，骄蹇争权，喜扬声誉，知进不知退，终以杀身灭国。以三得之，及身失之，不能传功于后世，令恩德流子孙，岂不悲哉！夫龙额侯曾为前将军，世俗顺善，厚重谨信，不与政事，退让爱人。其先起于晋六卿之世，有土君国以来，为王侯，子孙相承不绝，历年经世，以至于今，凡百余岁，岂可与功臣及身失之者同日而语之哉？悲夫，后世其诫之！

后辈中好事的儒者褚先生说：太史公所记之事止于孝武帝之世，所以我又撰记孝昭帝以来功臣封侯的情况，编在上面，使以后想知道的人能从中看到功臣功业的成败，享国的长短，侯爵或传世或绝封的必然之理，得以自我警惕。当世的君子，权宜行事而随机应变，审度时势采取适宜的措施，迎合世俗而得到任用，以此建立功勋拥有土地而封侯，立名于当世，难道不兴盛吗？看他们保守成业的方法，却都不是谦虚退让，而是骄傲自满，争权夺利，喜欢显扬声誉，只知前进不知后退，最终都被杀身灭国。凭借上述三种途径得到的地位，到自己这一代就失掉了，不能把功业传给后世，使恩德惠及子孙，难道不是很悲哀的吗？那龙额侯曾经担任前将军，顺应世俗善道，敦厚持重，谨守诚信，不干预政事，谦让爱人。他的祖先出身于晋国六卿那一代。自拥有土地成为国君以来，做了王侯，子孙先后承袭不断绝，历经几个世代，直到如今，共一百多年，这难道能与那些到自己这一代就失去爵位的功臣同日而语吗？可悲啊，后世的人们要引以为戒啊！

平陵	范明友，家在陇西。以家世习外国事，使护西羌。事昭帝，拜为度辽将军，击乌桓功侯，二千户。取霍光女为妻。地节四年，与诸霍子禹等谋反，族灭，国除。
营平	赵充国，以陇西骑士从军得官，侍中，事武帝。数将兵击匈奴有功，为护军都尉，侍中，事昭帝。昭帝崩，议立宣帝，决疑定策，以安宗庙功侯，封二千五百户。
阳成	田延年，以军吏事昭帝；发觉上官桀谋反事，后留迟不得封，为大司农。本造废昌邑王议立宣帝，决疑定策，以安宗庙功侯，二千七百户。逢昭帝崩，方上事并急，因以盗都内钱三千万。发觉，自杀，国除。
平丘	王迁，家在卫。为尚书郎，习刀笔之文。侍中，事昭帝。帝崩，立宣帝，决疑定策，以安宗庙功侯，二千户。为光禄大夫，秩中二千石。坐受诸侯王金钱财，漏泄中事，诛死，国除。
乐成	霍山，山者，大将军光兄子也。光未死时上书曰："臣兄骠骑将军去病从军有功，病死，赐谥景桓侯，绝无后，臣光愿以所封东武阳邑三千五百户分与山。"天子许之，拜山为侯。后坐谋反，族灭，国除。
冠军	霍云，以大将军兄骠骑将军適孙为侯。地节三年，天子下诏书曰："骠骑将军去病击匈奴有功，封为冠军侯。薨卒，子侯代立，病死无后。《春秋》之义，善善及子孙，其以邑三千户封云为冠军侯。"后坐谋反，族灭，国除。
平恩	许广汉，家昌邑。坐事下蚕室，独有一女，嫁之。宣帝未立时，素与广汉出入相通，卜相者言当大贵，以故广汉施恩甚厚。地节三年，封为侯，邑三千户。病死无后，国除。

昌水	田广明，故郎，为司马，稍迁至南郡都尉、淮阳太守、鸿胪、左冯翊。昭帝崩，议废昌邑王，立宣帝，决疑定策，以安宗庙。本始三年，封为侯，邑二千三百户。为御史大夫。后为祁连将军，击匈奴，军不至质，当死，自杀，国除。
高平	魏相，家在济阴。少学《易》，为府卒史，以贤良举为茂陵令，迁河南太守。坐贼杀不辜，系狱，当死，会赦，免为庶人。有诏守茂陵令，为扬州刺史，入为谏议大夫，复为河南太守，迁为大司农、御史大夫。地节三年，谮毁韦贤，代为丞相，封千五百户。病死，长子宾代立，坐祠庙失侯。
博望	许中翁，以平恩侯许广汉弟封为侯，邑二千户。亦故有私恩，为长乐卫尉。死，子延年代立。
乐平	许翁孙，以平恩侯许广汉少弟故为侯，封二千户。拜为强弩将军，击破西羌，还，更拜为大司马、光禄勋。亦故有私恩，故得封。嗜酒好色，以早病死。子汤代立。
将陵	史子回，以宣帝大母家封为侯，二千六百户，与平台侯昆弟行也。子回妻宜君，故成王孙，嫉妒，绞杀侍婢四十余人，盗断妇人初产子臂膝以为媚道。为人所上书言，论弃市。子回以外家故，不失侯。
平台	史子叔，以宣帝大母家封为侯，二千五百户。卫太子时，史氏内一女于太子，嫁一女鲁王，今见鲁王亦史氏外孙也。外家有亲，以故贵，数得赏赐。
乐陵	史子长，以宣帝大母家贵，侍中，重厚忠信。以发觉霍氏谋反事，封三千五百户。

博成	张章，父故颍川人，为长安亭长。失官，之北阙上书，寄宿霍氏第舍，卧马枥间，夜闻养马奴相与语，言诸霍氏子孙欲谋反状，因上书告反，为侯，封三千户。
都成	金安上，先故匈奴。以发觉故大将军霍光子禹等谋反事有功，封侯，二千八百户。安上者，奉车都尉秺侯从群子。行谨善，退让以自持，欲传功德于子孙。
平通	杨恽，家在华阴，故丞相杨敞少子，任为郎。好士，自喜知人，居众人中常与人颜色，以故高昌侯董忠引与屏语，言霍氏谋反状，共发觉告反，侯，二千户，为光禄勋。到五凤四年，作为妖言，大逆罪腰斩，国除。
高昌	董忠，父故颍川阳翟人，以习书诣长安。忠有材力，能骑射，用短兵，给事期门。与张章相习知，章告语忠霍禹谋反状，忠以语常侍骑郎杨恽，共发觉告反，侯，二千户。今为枭骑都尉，侍中。坐祠宗庙乘小车，夺百户。
爰戚	赵成，用发觉楚国事侯，二千三百户。地节元年，楚王与广陵王谋反，成发觉反状，天子推恩广德义，下诏书曰："无治广陵王。"广陵不变更。后复坐祝诅灭国，自杀，国除。今帝复立子为广陵王。
酂	地节三年，天子下诏书曰："朕闻汉之兴，相国萧何功第一，今绝无后，朕甚怜之，其以邑三千户封萧何玄孙建世为酂侯。"
平昌	王长君，家在赵国，常山广望邑人也。卫太子时，嫁太子家，为太子男史皇孙为配，生子男，绝不闻声问，行且四十余岁。至今元康元年中，诏征，立以为侯，封五千户。宣帝舅父也。

乐昌	王稚君，家在赵国，常山广望邑人也。以宣帝舅父外家封为侯，邑五千户。平昌侯王长君弟也。
邛成	王奉光，家在房陵。以女立为宣帝皇后故，封千五百户。言奉光初生时，夜见光其上，传闻者以为当贵云。后果以女故为侯。
安远	郑吉，家在会稽。以卒伍起从军为郎，使护将弛刑士田渠梨。会匈奴单于死，国乱，相攻，日逐王将众来降汉，先使语吉，吉将吏卒数百人往迎之。众颇有欲还者，因斩杀其渠率，遂与俱入汉。以军功侯，二千户。
博阳	邴吉，家在鲁。本以治狱为御史属，给事大将军幕府。常施旧恩宣帝，迁为御史大夫，封侯，二千户。神爵二年，代魏相为丞相。立五岁，病死。子翁孟代立，为将军，侍中。甘露元年，坐祠宗庙不乘大车而骑至庙门，有罪，夺爵，为关内侯。
建成	黄霸，家在阳夏，以役使徙云阳。以廉吏为河内守丞，迁为廷尉监，行丞相长史事。坐见知夏侯胜非诏书大不敬罪，久系狱三岁，从胜学《尚书》。会赦，以贤良举为扬州刺史，颍川太守。善化，男女异路，耕者让畔，赐黄金百斤，秩中二千石。居颍川，入为太子太傅，迁御史大夫。五凤三年，代邴吉为丞相。封千八百户。
西平	于定国，家在东海。本以治狱给事为廷尉史，稍迁御史中丞。上书谏昌邑王，迁为光禄大夫，为廷尉。乃师受《春秋》，变道行化，谨厚爱人。迁为御史大夫，代黄霸为丞相。
右孝宣时所封	
阳平	王稚君，家在魏郡。故丞相史。女为太子妃。太子立为帝，女为皇后，故侯，千二百户。初元以来，方盛贵用事，游宦求官于京师者多得其力，未闻其有知略广宜于国家也。

史记卷二十一
表第九

建元以来王子侯者年表

皇上下令御史："有想推及恩惠私情给子弟分封食邑的诸侯王，命令他们各自分条上奏，我将亲自决定他们的名号。"

太史公说：真是盛大啊，天子的圣德！一人有了值得庆贺之事，天下都跟着他沾光。

制诏御史："诸侯王或欲推私恩分子弟邑者，令各条上，朕且临定其号名。"

太史公曰：盛哉，天子之德！一人有庆，天下赖之。

国名	兹	安成	宜春	句容
王子号	河间献王子。	长沙定王子。	长沙定王子。	长沙定王子。
元光	二　五年正月壬子，侯刘明元年。	一　六年七月乙巳，思侯刘苍元年。	一　六年七月乙巳，侯刘成元年。	一　六年七月乙巳，哀侯刘党元年。
元朔	二　三年，侯明坐谋反杀人，弃市，国除。	六	六	元年，哀侯党薨，无后，国除。
元狩		六	六	
元鼎		六　元年，今侯自当元年。	四　五年，侯成坐酎金，国除。	
元封		六		
太初		四		

句陵	杏山	浮丘	广戚
长沙定王子。	楚安王子。	楚安王子。	鲁共王子。
一　六年七月乙巳，侯刘福元年。	一　六年后九月壬戌，侯刘成元年。	一　六年后九月壬戌，侯刘不审元年。	
六	六	六	六　元年十月丁酉，节侯刘择元年。
六	六	四 二　五年，侯霸元年。	六　元年，侯始元年。
四　五年，侯福坐酎金，国除。	四　五年，侯成坐酎金，国除。	四　五年，侯霸坐酎金，国除。	四　五年，侯始坐酎金，国除。

国名	丹杨	盱台	湖孰	秩阳
王子号	江都易王子。	江都易王子。	江都易王子。	江都易王子。
元光				
元朔	六　元年十二月甲辰，哀侯敢元年。	六　元年十二月甲辰，侯刘象之元年。	六　元年正月丁卯，顷侯刘胥元年。	六　元年正月丁卯，终侯刘涟元年。
元狩	元狩元年，侯敢薨，无后，国除。	六	六	六
元鼎		四　五年，侯象之坐酎金，国除。	四 二　五年，今侯圣元年。	三　四年，终侯涟薨，无后，国除。
元封			六	
太初			四	

睢陵	龙丘	张梁	剧
江都易王子。	江都易王子。	江都易王子。	菑川懿王子。
六　元年正月丁卯，侯刘定国元年。	五　二年五月乙巳，侯刘代元年。	五　二年五月乙巳，哀侯刘代元年。	五　二年五月乙巳，原侯刘错元年。
六	六	六	六
四　五年，侯定国坐酎金，国除。	四　五年，侯代坐酎金，国除。	二 四　三年，今侯顺元年。	一 五　二年，孝侯广昌元年。
		六	六
		四	四

国名	壤	平望	临原	葛魁
王子号	菑川懿王子。	菑川懿王子。	菑川懿王子。	菑川懿王子。
元光				
元朔	五　二年五月乙巳，夷侯刘高遂元年。	五　二年五月乙巳，夷侯刘赏元年。	五　二年五月乙巳，敬侯刘始昌元年。	五　二年五月乙巳，节侯刘宽元年。
元狩	六	二 四　三年，今侯楚人元年。	六	三 三　四年，侯戚元年。
元鼎	六　元年，今侯延元年。	六	六	二　三年，侯戚坐杀人，弃市，国除。
元封	六	六	六	
太初	四	四	四	

益都	平酌	剧魁	寿梁
菑川懿王子。	菑川懿王子。	菑川懿王子。	菑川懿王子。
五　二年五月乙巳，侯刘胡元年。	五　二年五月乙巳，戴侯刘彊元年。	五　二年五月乙巳，夷侯刘墨元年。	五　二年五月乙巳，侯刘守元年。
六	六	六	六
六	六　元年，思侯中时元年。	六	四　五年，侯守坐酎金，国除。
六	六	三　元年，侯昭元年。 三　四年，侯德元年。	
四	四	四	

国名	平度	宜成	临朐	雷
王子号	菑川懿王子。	菑川懿王子。	菑川懿王子。	城阳共王子。
元光				
元朔	五　二年五月乙巳，侯刘衍元年。	五　二年五月乙巳，康侯刘偃元年。	五　二年五月乙巳，哀侯刘奴元年。	五　二年五月甲戌，侯刘稀元年。
元狩	六	六	六	六
元鼎	六	六　元年，侯福元年。	六	五　五年，侯稀坐酎金，国除。
元封	六	六	六	
太初	四	元年，侯福坐杀弟，弃市，国除。	四	

东莞	辟	尉文	封斯
城阳共王子。	城阳共王子。	赵敬肃王子。	赵敬肃王子。
三　二年五月甲戌，侯刘吉元年。五年，侯吉有痼疾，不朝，废，国除。	三　二年五月甲戌，节侯刘壮元年。 二　五年，侯朋元年。	五　二年六月甲午，节侯刘丙元年。	五　二年六月甲午，共侯刘胡阳元年。
	六	六　元年，侯犊元年。	六
	四　五年，侯朋坐酎金，国除。	四　五年，侯犊坐酎金，国除。	六
			六
			二 二　三年，今侯如意元年。

国名	榆丘	襄嚵	邯会	朝
王子号	赵敬肃王子。	赵敬肃王子。	赵敬肃王子。	赵敬肃王子。
元光				
元朔	五　二年六月甲午，侯刘寿福元年。	五　二年六月甲午，侯刘建元年。	五　二年六月甲午，侯刘仁元年。	五　二年六月甲午，侯刘义元年。
元狩	六	六	六	六
元鼎	四　五年，侯寿福坐酎金，国除。	四　五年，侯建坐酎金，国除。	六	二 四　三年，今侯禄元年。
元封			六	六
太初			四	四

东城	阴城	广望	将梁
赵敬肃王子。	赵敬肃王子。	中山靖王子。	中山靖王子。
五　二年六月甲午，侯刘遗元年。	五　二年六月甲午，侯刘苍元年。	五　二年六月甲午，侯刘安中元年。	五　二年六月甲午，侯刘朝平元年。
六	六	六	六
元年，侯遗有罪，国除。	六	六	四　五年，侯朝平坐酎金，国除。
	元年，侯苍有罪，国除。	六	
		四	

国名	新馆	新处	陉城	蒲领
王子号	中山靖王子。	中山靖王子。	中山靖王子。	广川惠王子。
元光				
元朔	五　二年六月甲午，侯刘未央元年。	五　二年六月甲午，侯刘嘉元年。	五　二年六月甲午，侯刘贞元年。	四　三年十月癸酉，侯刘嘉元年。
元狩	六	六	六	
元鼎	四　五年，侯未央坐酎金，国除。	四　五年，侯嘉坐酎金，国除。	四　五年，侯贞坐酎金，国除。	
元封				
太初				

西熊	枣彊	毕梁	房光
广川惠王子。	广川惠王子。	广川惠王子。	河间献王子。
四　三年十月癸酉，侯刘明元年。	四　三年十月癸酉，侯刘晏元年。	四　三年十月癸酉，侯刘婴元年。	四　三年十月癸酉，侯刘殷元年。
		六	六
		六	元年，侯殷有罪，国除。
		三　四年，侯婴有罪，国除。	

国名	距阳	蒌安	阿武	参户
王子号	河间献王子。	河间献王子。	河间献王子。	河间献王子。
元光				
元朔	四　三年十月癸酉，侯刘匄元年。	四　三年十月癸酉，侯刘邈元年。	四　三年十月癸酉，湣侯刘豫元年。	四　三年十月癸酉，侯刘勉元年。
元狩	四 二　五年，侯渡元年。	六	六	六
元鼎	四　五年，侯渡有罪，国除。	六	六	六
元封		六　元年，今侯婴元年。	六	六
太初		四	二 二　三年，今侯宽元年。	四

州乡	成平	广	盖胥
河间献王子。	河间献王子。	河间献王子。	河间献王子。
四　三年十月癸酉，节侯刘禁元年。	四　三年十月癸酉，侯刘礼元年。	四　三年十月癸酉，侯刘顺元年。	四　三年十月癸酉，侯刘让元年。
六	二　三年，侯礼有罪，国除。	六	六
六		四　五年，侯顺坐酎金，国除。	四　五年，侯让坐酎金，国除。
五 一　六年，今侯惠元年。			
四			

国名	陪安	荣简	周坚	安阳
王子号	济北贞王子。	济北贞王子。	济北贞王子。	济北贞王子。
元光				
元朔	四　三年十月癸酉，康侯刘不害元年。	四　三年十月癸酉，侯刘骞元年。	四　三年十月癸酉，侯刘何元年。	四　三年十月癸酉，侯刘桀元年。
元狩	六	二　三年，侯骞有罪，国除。	四 二　五年，侯当时元年。	六
元鼎	一 二　二年，哀侯秦客元年。三年，侯秦客薨，无后，国除。		四　五年，侯当时坐酎金，国除。	六
元封				六
太初				四

五樣	富	陪	从
济北贞王子。	济北贞王子。	济北贞王子。	济北贞王子。
四　三年十月癸酉，侯刘朡丘元年。	四　三年十月癸酉，侯刘袭元年。	四　三年十月癸酉，缪侯刘明元年。	四　三年十月癸酉，侯刘信元年。
六	六	六	六
四　五年，侯朡丘坐酎金，国除。	六	二 二　三年，侯邑元年。五年，侯邑坐酎金，国除。	四　五年，侯信坐酎金，国除。
	六		
	四		

国名	平	羽	胡母	离石
王子号	济北贞王子。	济北贞王子。	济北贞王子。	代共王子。
元光				
元朔	四　三年十月癸酉，侯刘遂元年。	四　三年十月癸酉，侯刘成元年。	四　三年十月癸酉，侯刘楚元年。	四　三年正月壬戌，侯刘绾元年。
元狩	元年，侯遂有罪，国除。	六	六	六
元鼎		六	四　五年，侯楚坐酎金，国除。	六
元封		六		六
太初		四		四

邵	利昌	蔺	临河
代共王子。	代共王子。	代共王子。	代共王子。
四　三年正月壬戌，侯刘慎元年。	四　三年正月壬戌，侯刘嘉元年。	三年正月壬戌，侯刘憙元年。	三年正月壬戌，侯刘贤元年。
六	六		
六	六		
六	六		
四	四		

国名	隰成	土军	皋狼	千章
王子号	代共王子。	代共王子。	代共王子。	代共王子。
元光				
元朔	三年正月壬戌，侯刘忠元年。	三年正月壬戌，侯刘郢客元年。	三年正月壬戌，侯刘迁元年。	三年正月壬戌，侯刘遇元年。
元狩				
元鼎		侯郢客坐与人妻奸，弃市。		
元封				
太初				

博阳	宁阳	瑕丘	公丘
齐孝王子。	鲁共王子。	鲁共王子。	鲁共王子。
四　三年三月乙卯，康侯刘就元年。	四　三年三月乙卯，节侯刘恢元年。	四　三年三月乙卯，节侯刘贞元年。	四　三年三月乙卯，夷侯刘顺元年。
六	六	六	六
二 二　三年，侯终吉元年。五年，侯终吉坐酎金，国除。	六	六	六
	六	六	六
	四	四	四

国名	郁狼	西昌	陉城	邯平
王子号	鲁共王子。	鲁共王子。	中山靖王子。	赵敬肃王子。
元光				
元朔	四　三年三月乙卯，侯刘骑元年。	四　三年三月乙卯，侯刘敬元年。	四　三年三月癸酉，侯刘义元年。	四　三年四月庚辰，侯刘顺元年。
元狩	六	六	六	六
元鼎	四　五年，侯骑坐酎金，国除。	四　五年，侯敬坐酎金，国除。	四　五年，侯义坐酎金，国除。	四　五年，侯顺坐酎金，国除。
元封				
太初				

武始	象氏	易	洛陵
赵敬肃王子。	赵敬肃王子。	赵敬肃王子。	长沙定王子。
四　三年四月庚辰，侯刘昌元年。	四　三年四月庚辰，节侯刘贺元年。	四　三年四月庚辰，安侯刘平元年。	三　四年三月乙丑，侯刘章元年。
六	六	六	一　二年，侯章有罪，国除。
六	六	六	
六	二 四　三年，思侯安德元年。	四 二　五年，今侯种元年。	
四	四	四	

国名	攸舆	荼陵	建成	安众
王子号	长沙定王子。	长沙定王子。	长沙定王子。	长沙定王子。
元光				
元朔	三　四年三月乙丑，侯刘则元年。	三　四年三月乙丑，侯刘欣元年。	三　四年三月乙丑，侯刘拾元年。	三　四年三月乙丑，康侯刘丹元年。
元狩	六	六	五　六年，侯拾坐不朝，不敬，国除。	六
元鼎	六	一 五　二年，哀侯阳元年。		六
元封	六	六		五 一　六年，今侯山拊元年。
太初	元年，侯则篡死罪，弃市，国除。	元年，侯阳薨，无后，国除。		四

叶	利乡	有利	东平
长沙定王子。	城阳共王子。	城阳共王子。	城阳共王子。
三　四年三月乙丑，康侯刘嘉元年。	三　四年三月乙丑，康侯刘婴元年。	三　四年三月乙丑，侯刘钉元年。	三　四年三月乙丑，侯刘庆元年。
六	二　三年，侯婴有罪，国除。	元年，侯钉坐遗淮南书称臣，弃市，国除。	二　三年，侯庆坐与姊妹奸，有罪，国除。
四　五年，侯嘉坐酎金，国除。			

国名	运平	山州	海常	钧丘
王子号	城阳共王子。	城阳共王子。	城阳共王子。	城阳共王子。
元光				
元朔	三　四年三月乙丑，侯刘䜣元年。	三　四年三月乙丑，侯刘齿元年。	三　四年三月乙丑，侯刘福元年。	三　四年三月乙丑，侯刘宪元年。
元狩	六	六	六	三 三　四年，今侯执德元年。
元鼎	四　五年，侯䜣坐酎金，国除。	四　五年，侯齿坐酎金，国除。	四　五年，侯福坐酎金，国除。	六
元封				六
太初				四

南城	广陵	庄原	临乐
城阳共王子。	城阳共王子。	城阳共王子。	中山靖王子。
三　四年三月乙丑，侯刘贞元年。	三　四年三月乙丑，常侯刘表元年。	三　四年三月乙丑，侯刘皋元年。	三　四年四月甲午，敦侯刘光元年。
六	四 二　五年，侯成元年。	六	六
六	四　五年，侯成坐酎金，国除。	四　五年，侯皋坐酎金，国除。	六
六			五 一　六年，今侯建元年。
四			四

国名	东野	高平	广川	千锺
王子号	中山靖王子。	中山靖王子。	中山靖王子。	河间献王子。
元光				
元朔	三　四年四月甲午，侯刘章元年。	三　四年四月甲午，侯刘嘉元年。	三　四年四月甲午，侯刘颇元年。	三　四年四月甲午，侯刘摇元年。
元狩	六	六	六	一　二年，侯阴不使人为秋请，有罪，国除。
元鼎	六	四　五年，侯嘉坐酎金，国除。	四　五年，侯颇坐酎金，国除。	
元封	六			
太初	四			

披阳	定	稻	山
齐孝王子。	齐孝王子。	齐孝王子。	齐孝王子。
三　四年四月乙卯，敬侯刘燕元年。	三　四年四月乙卯，敬侯刘越元年。	三　四年四月乙卯，夷侯刘定元年。	三　四年四月乙卯，侯刘国元年。
六	六	六	六
四 二　五年，今侯隅元年。	三 三　四年，今侯德元年。	二 四　三年，今侯都阳元年。	六
六	六	六	六
四	四	四	四

国名	繁安	柳	云	牟平
王子号	齐孝王子。	齐孝王子。	齐孝王子。	齐孝王子。
元光				
元朔	三　四年四月乙卯，侯刘忠元年。	三　四年四月乙卯，康侯刘阳元年。	三　四年四月乙卯，夷侯刘信元年。	三　四年四月乙卯，共侯刘渫元年。
元狩	六	六	六	二 四　三年，今侯奴元年。
元鼎	六	三 三　四年，侯罢师元年。	五 一　六年，今侯岁发元年。	六
元封	六	四 二　五年，今侯自为元年。	六	六
太初	三 一　四年，今侯寿元年。	四	四	四

柴	柏阳	鄗	桑丘
齐孝王子。	赵敬肃王子。	赵敬肃王子。	中山靖王子。
三　四年四月乙卯，原侯刘代元年。	二　五年十一月辛酉，侯刘终古元年。	二　五年十一月辛酉，侯刘延年元年。	二　五年十一月辛酉，节侯刘洋元年。
六	六	六	六
六	六	四　五年，侯延年坐酎金，国除。	三 三　四年，今侯德元年。
六	六		六
四	四		四

国名	高丘	柳宿	戎丘	樊舆
王子号	中山靖王子。	中山靖王子。	中山靖王子。	中山靖王子。
元光				
元朔	二　五年三月癸酉，哀侯刘破胡元年。	二　五年三月癸酉，夷侯刘盖元年。	二　五年三月癸酉，侯刘让元年。	二　五年三月癸酉，节侯刘条元年。
元狩	六	二 四　三年，侯苏元年。	六	六
元鼎	元年，侯破胡薨，无后，国除。	四　五年，侯苏坐酎金，国除。	四　五年，侯让坐酎金，国除。	六
元封				六
太初				四

曲成	安郭	安险	安遥
中山靖王子。	中山靖王子。	中山靖王子。	中山靖王子。
二　五年三月癸酉，侯刘万岁元年。	二　五年三月癸酉，侯刘博元年。	二　五年三月癸酉，侯刘应元年。	二　五年三月癸酉，侯刘恢元年。
六	六	六	六
四　五年，侯万岁坐酎金，国除。	六	四　五年，侯应坐酎金，国除。	四　五年，侯恢坐酎金，国除。
	六		
	四		

国名	夫夷	春陵	都梁	洮阳
王子号	长沙定王子。	长沙定王子。	长沙定王子。	长沙定王子。
元光				
元朔	二　五年三月癸酉，敬侯刘义元年。	二　五年六月壬子，侯刘买元年。	二　五年六月壬子，敬侯刘遂元年。	二　五年六月壬子，靖侯刘狗彘元年。
元狩	六	六	六	五　六年，侯狗彘薨，无后，国除。
元鼎	四 二　五年，今侯禹元年。	六	六　元年，今侯係元年。	
元封	六	六	六	
太初	四	四	四	

泉陵	终弋	麦	钜合
长沙定王子。	衡山王赐子。	城阳顷王子。	城阳顷王子。
二　五年六月壬子，节侯刘贤元年。	一　六年四月丁丑，侯刘广置元年。		
六	六	六　元年四月戊寅，侯刘昌元年。	六　元年四月戊寅，侯刘发元年。
六	四　五年，侯广置坐酎金，国除。	四　五年，侯昌坐酎金，国除。	四　五年，侯发坐酎金，国除。
六			
四			

国名	昌	蒉	雩殷	石洛
王子号	城阳顷王子。	城阳顷王子。	城阳顷王子。	城阳顷王子。
元光				
元朔				
元狩	六　元年四月戊寅，侯刘差元年。	六　元年四月戊寅，侯刘方元年。	六　元年四月戊寅，康侯刘泽元年。	六　元年四月戊寅，侯刘敬元年。
元鼎	四　五年，侯差坐酎金，国除。	四　五年，侯方坐酎金，国除。	六	六
元封			六	六
太初			四	四

扶滜	挍	杒	父城
城阳顷王子。	城阳顷王子。	城阳顷王子。	城阳顷王子。
六　元年四月戊寅，侯刘昆吾元年。	六　元年四月戊寅，侯刘霸元年。	六　元年四月戊寅，侯刘让元年。	六　元年四月戊寅，侯刘光元年。
六	六	六	四　五年，侯光坐酎金，国除。
六	六	六	
四	四	四	

国名	庸	翟	鱣	彭
王子号	城阳顷王子。	城阳顷王子。	城阳顷王子。	城阳顷王子。
元光				
元朔				
元狩	六　元年四月戊寅，侯刘谭元年。	六　元年四月戊寅，侯刘寿元年。	六　元年四月戊寅，侯刘应元年。	六　元年四月戊寅，侯刘偃元年。
元鼎	六	四　五年，侯寿坐酎金，国除。	四　五年，侯应坐酎金，国除。	四　五年，侯偃坐酎金，国除。
元封	六			
太初	四			

瓡	虚水	东淮	栒
城阳顷王子。	城阳顷王子。	城阳顷王子。	城阳顷王子。
六　元年四月戊寅，侯刘息元年。	六　元年四月戊寅，侯刘禹元年。	六　元年四月戊寅，侯刘类元年。	六　元年四月戊寅，侯刘买元年。
六	六	四　五年，侯类坐酎金，国除。	四　五年，侯买坐酎金，国除。
六	六		
四	四		

国名	涓	陆	广饶	缾
王子号	城阳顷王子。	菑川靖王子。	菑川靖王子。	菑川靖王子。
元光				
元朔				
元狩	六　元年四月戊寅，侯刘不疑元年。	六　元年四月戊寅，侯刘何元年。	六　元年十月辛卯，康侯刘国元年。	六　元年十月辛卯，侯刘成元年。
元鼎	四　五年，侯不疑坐酎金，国除。	六	六	六
元封		六	六	六
太初		四	四	四

俞闾	甘井	襄陵	皋虞
菑川靖王子。	广川穆王子。	广川穆王子。	胶东康王子。
六　元年十月辛卯，侯刘不害元年。	六　元年十月乙酉，侯刘元元年。	六　元年十月乙酉，侯刘圣元年。	
六	六	六	三　元年五月丙午，侯刘建元年。 三　四年，今侯处元年。
六	六	六	六
四	四	四	四

国名	魏其	祝兹
王子号	胶东康王子。	胶东康王子。
元光		
元朔		
元狩		
元鼎	六　元年五月丙午，畅侯刘昌元年。	四　元年，五月丙午，侯刘延元年。五年，延坐弃印绶出国，不敬，国除。
元封	六	
太初	四	

史记卷二十二
表第十

汉兴以来将相名臣年表

	前206	前205	前204
	高皇帝元年	二	三
大事记	春，沛公为汉王，之南郑。秋，还定雍。	春，定塞、翟、魏、河南、韩、殷国。夏，伐项籍，至彭城。立太子。还据荥阳。	魏豹反。使韩信别定魏，伐赵。楚围我荥阳。
相位	一　丞相萧何守汉中。	二　守关中。	三
将位		一　太尉长安侯卢绾。	二
御史大夫位	御史大夫周苛守荥阳。		

前203	前202	前201
四	五	六
使韩信别定齐及燕，太公自楚归，与楚界洪渠。	冬，破楚垓下，杀项籍。春，王践皇帝位定陶。入都关中。	尊太公为太上皇。刘仲为代王。立大市。更命咸阳曰长安。
四	五 罢太尉官。	六　封为酂侯。张苍为计相。
三 周苛守荥阳，死。	四　后九月，绾为燕王。	
御史大夫汾阴侯周昌。		

	前200	前199	前198
	七	八	九
大事记	长乐宫成，自栎阳徙长安。伐匈奴，匈奴围我平城。	击韩信反虏于赵城。贯高作乱，明年觉，诛之。匈奴攻代王，代王弃国亡，废为郃阳侯。	未央宫成，置酒前殿，太上皇辇上坐，帝奉玉卮上寿，曰："始常以臣不如仲力，今臣功孰与仲多？"太上皇笑，殿上称万岁。徙齐田，楚昭、屈、景于关中。
相位	七	八	九　迁为相国。
将位			
御史大夫位			御史大夫昌为赵丞相。

前197	前196	前195
十	十一	十二
太上皇崩。陈豨反代地。	诛淮阴、彭越。黥布反。	冬，击布。还过沛。夏，上崩，葬长陵。
十	十一	十二
	周勃为太尉，攻代。后官省。	
御史大夫江邑侯赵尧。		

	前194	前193	前192
	孝惠元年	二	三
大事记	赵隐王如意死。始作长安城西北方。除诸侯丞相为相。	楚元王、齐悼惠王来朝。 七月辛未，何薨。	初作长安城。蜀湔氐反，击之。
相位	十三	十四　七月癸巳，齐相平阳侯曹参为相国。	二
将位			
御史大夫位			

前191	前190	前189
四	五	六
三月甲子，赦，无所复作。	为高祖立庙于沛城成，置歌儿一百二十人。 八月乙丑，参卒。	七月，齐悼惠王薨。立太仓、西市。八月赦齐。
三	四	一　十月己巳，安国侯王陵为右丞相。曲逆侯陈平为左丞相。
		尧抵罪。
		广阿侯任敖为御史大夫。

	前188	前187	前186
	七	高后元年	二
大事记	上崩。大臣用张辟彊计，吕氏权重，以吕台为吕王。立少帝。己卯，葬安陵。	王孝惠诸子。置孝悌力田。	十二月，吕王台薨，子嘉代立为吕王。行八铢钱。
相位	二	三　十一月甲子，徙平为右丞相。辟阳侯审食其为左丞相。	四　平。 二　食其。
将位			
御史大夫位			平阳侯曹窋为御史大夫。

前185	前184	前183
三	四	五
	废少帝，更立常山王弘为帝。	八月，淮阳王薨，以其弟壶关侯武为淮阳王。令戍卒岁更。
五 三	六 四 置太尉官。	七 五
	一　绛侯周勃为太尉。	二

	前182	前181	前180
	六	七	八
大事记	以吕产为吕王。四月丁酉，赦天下。昼昏。	赵王幽死，以吕禄为赵王。梁王徙赵，自杀。	七月，高后崩。九月，诛诸吕。后九月，代王至，践皇帝位。 后九月，食其免相。
相位	八 六	九 七	十 八　七月辛巳，为帝太傅。九月丙戌，复为丞相。
将位	三	四	五　隆虑侯灶为将军，击南越。
御史大夫位			御史大夫苍。

前179	前178	前177
孝文元年	二	三
除收孥相坐律。立太子。赐民爵。	除诽谤律。皇子武为代王，参为太原王，胜为梁王。 十月，丞相平薨。	徙代王武为淮阳王。上幸太原。济北王反。匈奴大入上郡。以地尽与太原，太原更号代。 十一月壬子，勃免相，之国。
十一　十一月辛巳，平徙为左丞相。太尉绛侯周勃为右丞相。	一　十一月乙亥，绛侯勃复为丞相。	一　十二月乙亥，太尉颍阴侯灌婴为丞相。 罢太尉官。
六　勃为相，颍阴侯灌婴为太尉。	一	二　棘蒲侯陈武为大将军，击济北。昌侯卢卿、共侯卢罢师、甯侯遬、深泽侯将夜皆为将军，属武。祁侯贺将兵屯荥阳。

	前176	前175	前174
	四	五	六
大事记	十二月乙巳，婴卒。	除钱律，民得铸钱。	废淮南王，迁严道，道死雍。
相位	一　正月甲午，御史大夫北平侯张苍为丞相。	二	三
将位	安丘侯张说为将军，击胡，出代。		
御史大夫位	关中侯申屠嘉为御史大夫。		

前173	前172	前171
七	八	九
四月丙子，初置南陵。	太仆汝阴侯滕公卒。	温室钟自鸣。以芷阳乡为霸陵。
四	五	六
		御史大夫敬。

	前170	前169	前168
	十	十一	十二
大事记	诸侯王皆至长安。	上幸代。地动。	河决东郡金隄。徙淮阳王为梁王。
相位	七	八	九
将位			
御史大夫位			

前167	前166	前165
十三	十四	十五
除肉刑及田租税律、戍卒令。	匈奴大入萧关，发兵击之，及屯长安旁。	黄龙见成纪。上始郊见雍五帝。
十	十一	十二
	成侯董赤、内史栾布、昌侯卢卿、隆虑侯灶、甯侯遬皆为将军，东阳侯张相如为大将军，皆击匈奴。中尉周舍、郎中令张武皆为将军，屯长安旁。	

	前164	前163	前162
	十六	后元年	二
大事记	上郊见渭阳五帝。	新垣平诈言方士，觉，诛之。	匈奴和亲。地动。 八月戊辰，苍免相。
相位	十三	十四	十五　八月庚午，御史大夫申屠嘉为丞相，封故安侯。
将位			
御史大夫位			御史大夫青。

前161	前160	前159	前158
三	四	五	六
置谷口邑。		上幸雍。	匈奴三万人入上郡，二万人入云中。
二	三	四	五
			以中大夫令免为车骑将军，军飞狐；故楚相苏意为将军，军句注；将军张武屯北地；河内守周亚夫为将军，军细柳；宗正刘礼军霸上；祝兹侯徐厉军棘门：以备胡。数月，胡去，亦罢。

	前157	前156	前155
	七	孝景元年	二
大事记	六月己亥，孝文皇帝崩。其年丁未，太子立。民出临三日，葬霸陵。	立孝文皇帝庙，郡国为太宗庙。	立皇子德为河间王，阏为临江王，馀为淮阳王，非为汝南王，彭祖为广川王，发为长沙王。四月中，孝文太后崩。 嘉卒。
相位	六	七 置司徒官。	八 开封侯陶青为丞相。
将位	中尉亚夫为车骑将军，郎中令张武为复土将军，属国捍为将屯将军。詹事戎奴为车骑将军，侍太后。		
御史大夫位			御史大夫错。

前154	前153	前152
三	四	五
吴楚七国反，发兵击，皆破之。皇子端为胶西王，胜为中山王。	立太子。	置阳陵邑。 丞相北平侯张苍卒。
二 置太尉官。	三	四
中尉条侯周亚夫为太尉，击吴楚；曲周侯郦寄为将军，击赵；窦婴为大将军，屯荥阳；栾布为将军，击齐。	二　太尉亚夫。	三
	御史大夫蚡。	

前147	前146	前145
三	四	五
皇子乘为清河王。 亚夫免相。	临江王征，自杀，葬蓝田，燕数万为衔土置冢上。	皇子舜为常山王。
四　御史大夫桃侯刘舍为丞相。	二	三
御史大夫绾。		

	前144	前143	前142
	六	后元年	二
大事记	梁孝王武薨。分梁为五国，王诸子：子买为梁王，明为济川王，彭离为济东王，定为山阳王，不识为济阴王。	五月，地动。七月乙巳，日蚀。 舍免相。	
相位	四	五　八月壬辰，御史大夫建陵侯卫绾为丞相。	二
将位			六月丁丑，御史大夫岑迈卒。
御史大夫位		御史大夫不疑。	

前141	前140	前139
三	孝武建元元年	二
正月甲子，孝景皇帝崩。二月丙子，太子立。	绾免相。	置茂陵。 婴免相。
三	四　魏其侯窦婴为丞相。 罢太尉。	二月乙未，太常柏至侯许昌为丞相。罢太尉官。 蚡免太尉。
	武安侯田蚡为太尉。	
	御史大夫抵。	御史大夫赵绾。

	前138	前137	前136
	三	四	五
大事记	东瓯王广武侯望率其众四万余人来降，处庐江郡。		行三分钱。
相位	二	三	四
将位			
御史大夫位		御史大夫青翟。	

前135	前134	前133
六	元光元年	二
正月，闽越王反。孝景太后崩。 昌免相。		帝初之雍，郊见五畤。
五　六月癸巳，武安侯田蚡为丞相。	二	三
青翟为太子太傅。		夏，御史大夫韩安国为护军将军，卫尉李广为骁骑将军，太仆公孙贺为轻车将军，大行王恢为将屯将军，太中大夫李息为材官将军，篡单于马邑，不合，诛恢。
御史大夫安国。		

	前132	前131	前130
	三	四	五
大事记	五月丙子，河决于瓠子。	十二月丁亥，地动。 蚡卒。	十月，族灌夫家，弃魏其侯市。
相位	四	五　平棘侯薛泽为丞相。	二
将位			
御史大夫位		御史大夫欧。	

前129	前128	前127
六	元朔元年	二
南夷始置邮亭。	卫夫人立为皇后。	
三	四	五
太中大夫卫青为车骑将军，出上谷；卫尉李广为骁骑将军，出雁门；大中大夫公孙敖为骑将军，出代；太仆公孙贺为轻车将军，出云中：皆击匈奴。	车骑将军青出雁门，击匈奴。卫尉韩安国为将屯将军，军代，明年，屯渔阳卒。	春，车骑将军卫青出云中，至高阙，取河南地。

	前126	前125	前124
	三	四	五
大事记	匈奴败代太守友。	匈奴入定襄、代、上郡。	匈奴败代都尉朱英。 泽免相。
相位	六	七	八　十一月乙丑，御史大夫公孙弘为丞相，封平津侯。
将位			春，长平侯卫青为大将军，击右贤。卫尉苏建为游击将军，属青；左内史李沮为强弩将军，太仆贺为车骑将军，代相李蔡为轻车将军，岸头侯张次公为将军，大行息为将军：皆属大将军，击匈奴。
御史大夫位	御史大夫弘。		

前123	前122	前121
六	元狩元年	二
	十月中，淮南王安、衡山王赐谋反，皆自杀，国除。	匈奴入雁门、代郡。江都王建反。胶东王子庆立为六安王。 弘卒。
二	三	四　御史大夫乐安侯李蔡为丞相。
大将军青再出定襄击胡。合骑侯公孙敖为中将军，太仆贺为左将军，郎中令李广为后将军。翕侯赵信为前将军，败降匈奴。卫尉苏建为右将军，败，身脱。左内史沮为强弩将军。皆属青。		冠军侯霍去病为骠骑将军，击胡，至祁连；合骑侯敖为将军，出北地；博望侯张骞、郎中令李广为将军，出右北平。
	御史大夫蔡。	御史大夫汤。

	前120	前119	前118
	三	四	五
大事记	匈奴入右北平、定襄。		蔡坐侵园堧，自杀。
相位	二	三	四　太子少傅武彊侯庄青翟为丞相。
将位		大将军青出定襄，郎中令李广为前将军，太仆公孙贺为左将军，主爵赵食其为右将军，平阳侯曹襄为后将军：击单于。	
御史大夫位			

	前113	前112	前111
	四	五	六
大事记	立常山宪王子平为真定王，商为泗水王。六月中，河东汾阴得宝鼎。	三月中，南越相嘉反，杀其王及汉使者。 八月，周坐酎金，自杀。	十二月，东越反。
相位	三	四　九月辛巳，御史大夫石庆为丞相，封牧丘侯。	二
将位		卫尉路博德为伏波将军，出桂阳；主爵杨仆为楼船将军，出豫章：皆破南越。	故龙额侯韩说为横海将军，出会稽；楼船将军杨仆出豫章；中尉王温舒出会稽：皆破东越。
御史大夫位			御史大夫式。

前117	前116	前115	前114
六	元鼎元年	二	三
四月乙巳，皇子闳为齐王，旦为燕王，胥为广陵王。		青翟有罪，自杀。	
二	三	四　太子太傅高陵侯赵周为丞相。	二
		汤有罪，自杀。	
		御史大夫庆。	

	前151	前150	前149	前148
	六	七	中元年	二
大事记	徙广川王彭祖为赵王。	废太子荣为临江王。四月丁巳，胶东王立为太子。 青罢相。		皇子越为广川王，寄为胶东王。
相位	五	六月乙巳，太尉条侯亚夫为丞相。 罢太尉官。	二	三
将位	四	五　迁为丞相。		
御史大夫位	御史大夫阳陵侯岑迈。	御史大夫舍。		

前110	前109	前108	前107	前106	前105
元封元年	二	三	四	五	六
三	四	五	六	七	八
	秋，楼船将军杨仆、左将军荀彘出辽东，击朝鲜。				
御史大夫宽。					

	前104	前103	前102
	太初元年	二	三
大事记	改历，以正月为岁首。	正月戊申，庆卒。	
相位	九	十　三月丁卯，太仆公孙贺为丞相，封葛绎侯。	二
将位			
御史大夫位			御史大夫延广。

前101	前100	前99	前98	前97
四	天汉元年	二	三	四
三	四	五	六	七
				春，贰师将军李广利出朔方，至余吾水上；游击将军韩说出五原；因杅将军公孙敖：皆击匈奴。
	御史大夫卿。		御史大夫周。	

	前96	前95	前94	前93
	太始元年	二	三	四
大事记				
相位	八	九	十	十一
将位				
御史大夫位			御史大夫胜之。	

前92	前91	前90
征和元年	二	三
冬，贺坐为蛊死。	七月壬午，太子发兵，杀游击将军说、使者江充。	六月，刘屈氂因蛊斩。
十二	三月丁巳，涿郡太守刘屈氂为丞相，封彭城侯。	二
		春，贰师将军李广利出朔方，以兵降胡。重合侯莽通出酒泉，御史大夫商丘成出河西，击匈奴。
	御史大夫成。	

	前89	前88	前87	前86
	四	后元元年	二	孝昭始元元年
大事记				
相位	六月丁巳，大鸿胪田千秋为丞相，封富民侯。	二	三	四 九月，日磾卒。
将位			二月己巳，光禄大夫霍光为大将军，博陆侯；都尉金日磾为车骑将军，秺侯；太仆安阳侯上官桀为大将军。	
御史大夫位				

前85	前84	前83	前82	前81
二	三	四	五	六
五	六	七	八	九
		三月癸酉，卫尉王莽为左将军，骑都尉上官安为车骑将军。		

	前80	前79	前78	前77
	元凤元年	二	三	四
大事记				三月甲戌，千秋卒。
相位	十	十一	十二	三月乙丑，御史大夫王䜣为丞相，封富春侯。
将位	九月庚午，光禄勋张安世为右将军。		十二月庚寅，中郎将范明友为度辽将军，击乌丸。	
御史大夫位	御史大夫䜣。			御史大夫杨敞。

前76	前75	前74	前73
五	六	元平元年	孝宣本始元年
十二月庚戌，沂薨。		敞薨。	
二	十一月乙丑，御史大夫杨敞为丞相，封安平侯。	九月戊戌，御史大夫蔡义为丞相，封阳平侯。	二
	九月庚寅，卫尉平陵侯范明友为度辽将军，击乌丸。	四月甲申，光禄大夫龙额侯韩曾为前将军。五月丁酉，水衡都尉赵充国为后将军，右将军张安世为车骑将军。	
		御史大夫昌水侯田广明。	

	前72	前71
	二	三
大事记		三月戊子，皇后崩。 六月乙丑，义薨。
相位	三	六月甲辰，长信少府韦贤为丞相，封扶阳侯。 田广明、田顺击胡还，皆自杀。充国夺将军印。
将位	七月庚寅，御史大夫田广明为祁连将军，龙额侯韩曾为后将军，营平侯赵充国为蒲类将军，度辽将军平陵侯范明友为云中太守，富民侯田顺为虎牙将军：皆击匈奴。	
御史大夫位		御史大夫魏相。

前70	前69	前68	前67
四	地节元年	二	三
十月乙卯，立霍后。			立太子。 五月甲申，贤老，赐金百斤。
二	三	四 三月庚午，将军光卒。	六月壬辰，御史大夫魏相为丞相，封高平侯。
		二月丁卯，侍中、中郎将霍禹为右将军。	七月，安世为大司马、卫将军。禹为大司马。
			御史大夫邴吉。

	前66	前65	前64	前63	前62
	四	元康元年	二	三	四
大事记					
相位	二 七月壬寅，禹腰斩。	三	四	五	六 八月丙寅，安世卒。
将位					
御史大夫位					

前61	前60	前59	前58	前57
神爵元年	二	三	四	五凤元年
上郊甘泉太畤、汾阴后土。	上郊雍五畤。祋祤出宝璧玉器。	三月，相卒。		
七	八	四月戊戌，御史大夫邴吉为丞相，封博阳侯。	二	三
四月，乐成侯许延寿为强弩将军。后将军充国击羌。酒泉太守辛武贤为破羌将军。韩曾为大司马、车骑将军。				
		御史大夫望之。		

	前56	前55	前54	前53
	二	三	四	甘露元年
大事记		正月，吉卒。		
相位	四 五月己丑，增卒。	三月壬申，御史大夫黄霸为丞相，封建成侯。	二	三 三月丁未，延寿卒。
将位	五月，延寿为大司马、车骑将军。			
御史大夫位	御史大夫霸。	御史大夫延年。		

前52	前51	前50	前49
二	三	四	黄龙元年
赦殊死，赐高年及鳏寡孤独帛，女子牛酒。	三月己丑，霸薨。		
四	七月丁巳，御史大夫于定国为丞相，封西平侯。	二	三
			乐陵侯史子长为大司马、车骑将军。太子太傅萧望之为前将军。
御史大夫定国。	太仆陈万年为御史大夫。		

	前48	前47	前46	前45	前44
	孝元初元元年	二	三	四	五
大事记					
相位	四	五	六	七	八
将位			十二月，执金吾冯奉世为右将军。		二月丁巳，平恩侯许嘉为左将军。
御史大夫位					中少府贡禹为御史大夫。十二月丁未，长信少府薛广德为御史大夫。

前43	前42	前41	前40
永光元年	二	三	四
十月戊寅，定国免。	三月壬戌朔，日蚀。		
九 七月，子长免，就第。	二月丁酉，御史大夫韦玄成为丞相，封扶阳侯。丞相贤子。	二	三
九月，卫尉平昌侯王接为大司马、车骑将军。 二月，广德免。	七月，太常任千秋为奋武将军，击西羌；云中太守韩次君为建威将军，击羌。后不行。	右将军平恩侯许嘉为车骑将军，侍中、光禄大夫乐昌侯王商为右将军，右将军冯奉世为左将军。	
七月，太子太傅韦玄成为御史大夫。	二月丁酉，右扶风郑弘为御史大夫。		

	前39	前38	前37	前36	前35
	五	建昭元年	二	三	四
大事记				六月甲辰，玄成薨。	
相位	四	五	六	七月癸亥，御史大夫匡衡为丞相，封乐安侯。	二
将位			弘免。		
御史大夫位			光禄勋匡衡为御史大夫。	卫尉繁延寿为御史大夫。	

前34	前33	前32	前31	前30
五	竟宁元年	孝成建始元年	二	三
				十二月丁丑，衡免。
三	四	五	六	七 八月癸丑，遣光禄勋诏嘉上印绶免，赐金二百斤。
	六月己未，卫尉杨平侯王凤为大司马、大将军。 延寿卒。			十月，右将军乐昌侯王商为光禄大夫、左将军，执金吾弋阳侯任千秋为右将军。 谭免。
	三月丙寅，太子少傅张谭为御史大夫。			廷尉尹忠为御史大夫。

	前29	前28	前27	前26
	四	河平元年	二	三
大事记				
相位	三月甲申，右将军乐昌侯王商为右丞相。	二	三	四
将位	任千秋为左将军，长乐卫尉史丹为右将军。 十月己亥，尹忠自刺杀。			十月辛卯，史丹为左将军，太仆平安侯王章为右将军。
御史大夫位	少府张忠为御史大夫。			

前25	前24	前23	前22
四	阳朔元年	二	三
四月壬寅，丞相商免。			
六月丙午，诸吏散骑光禄大夫张禹为丞相。	二	三	
		张忠卒。	九月甲子，御史大夫王音为车骑将军。
		六月，太仆王音为御史大夫。	十月乙卯，光禄勋于永为御史大夫。

	前21	前20
	四	鸿嘉元年
大事记		三月，禹卒。
相位	七月乙丑，右将军光禄勋平安侯王章卒。	四月庚辰，薛宣为丞相。
将位	闰月壬戌，永卒。	
御史大夫位		